子どもたちの未来を切り拓く子育て

社会福祉法人 彩
大地の恵みのなーさりぃ理事長
大塚恵美子

かざひの文庫

はじめに――子どもたちとかかわりたいという想いが原動力に

子どもへの想いから、すべてがはじまった

「子どもの可能性を最大限に伸ばしたい」

「生きる力を育んであげたい」

「自分で未来を切り拓いていける子になってほしい」

本書を手にとってくださったおとうさん、おかあさんは
そんな想いを抱いていらっしゃるのではないでしょうか。

日々子どもと接していると、

「子どもは未来そのもの」

という想いがわいてきます。

みずみずしく成長する子どもの姿を目にするたび、
「どうしたら、もっと子どもたちの未来を明るくできるだろう」と
思案する毎日です。

わたし自身、
子どもたちにかかわる保育・教育の仕事に携わるようになって、
30年の月日が流れました。
栃木県を原点に、夫婦でベビーシッターサービス「ピーターパン」をはじめてから28年。
現在では日本に２３１施設
（受託２１０園・公的21園、海外２園）の拠点を置きながら、
保育園を中心とした施設を運営しています。

「ピーターパン」をはじめたきっかけは、
「夫婦ふたりで理想の幼稚園をつくりたい」という想いからでした。
もともと夫婦ふたりとも子どもが好きだったこと、

わたしの両親が小学校の教員で教育者だったということも、
大きな縁になっています。

当時は、理想の幼稚園をつくるには大きな資金が必要になる時代。
20代だったわたしたちにそれだけの額を用意するのは難しかったため、
どうすれば子どもたちとかかわれるのかを考えるところから、
保育事業がスタートしました。

毎日一所懸命子どもたちと向き合ううちに、
少しずつ事業が大きくなり、
スタッフを採用して、認可外保育園、
そして認可保育園へと成長し、現在にいたります。
子どもたちとかかわりたいという想いから、
すべてがはじまったのです。

自分で考えて行動する子どもを育む

子どもの未来を切り拓くために、わたしたちが実践していること。
それは「子ども主体の保育」です。
原点は、倉橋惣三先生理論を実践する堀合文子先生の保育の教えです。
当時は「自由保育」と呼ばれ、
お茶の水女子大学名誉教授である内田伸子先生は、
「子ども中心主義」とおっしゃっています。

わたしたちが子どもの頃、
もっと言えばわたしたちの子どもがまだ小さかった頃は、
みんなで一度に同じことをする「一斉保育」が
あたりまえだったのではないでしょうか。

ところが、倉橋惣三先生は、数十年も前から、

まるでこれからの時代を読んでいらっしゃるかのように、
子ども主体の保育を提唱されていたのです。

その根底には、「自由な時間を与えて、自分で考えて遊ぶことを、
幼少期だからこそさせてあげたい」という想いが垣間見えます。

子どもたちに何かを教え込むのではなく、
泥んこになって遊んだり、
「プランターと地植えのきゅうりはどうして違うんだろう?」
と気づいたり、ダンゴムシをひっくり返しても落ちないことを発見したり…。
子どもたち自身が、そういった経験を幼少時代に重ねていくことが、
生きる力を育むことにつながると思うのです。

「子どもがかわいいから」「自分がやれなかったから」といって、
親があれもこれもやらせてしまうと、親の主導となってしまいます。
そうすると、「次にぼく（わたし）は何をしたらいいの…?」と

指示を待つ子になってしまうかもしれません。

わたしたちが大切にしているのは、
どんなときも「子ども主体の保育」であるということ。
その保育の先には、自分で体験し、自分で考え、
自分で判断できる大人になる道が待っていると思うのです。

子どもたちの未来を切り拓く子育てを

では、実際に子ども主体の保育を実践するには
どのようなことから心がければいいのでしょうか。

もしかしたら、昭和の時代を生きてきた親世代にとっては
「子ども主体の保育」は新鮮な学びの連続かもしれません。
でも、知って行動することで、いかに子どもたちが輝き出すか
実感していただけるのではないかと思います。

そこで、今回
「どんなご家庭でもとり入れられるように、わかりやすく紹介したい」
という想いから、本書を執筆することにしました。

わたし自身、保育者や保護者の方たちに向けて
講演する機会が増えていることもあり、
30年間、子どもたちに対峙してきた経験や、
変わらず実践してきたことを、この一冊に込めました。

まずは大人である保育者・保護者たちが、
子どもの未来を切り拓く、「子ども主体の保育」を知り
日常で生かしていただきたいのです。

大人のかかわり方によって、子どもは見違えるように成長します。
反対に言えば、子どもの可能性を狭めてしまうかかわりもあります。

子どもたちがすくすくと自己肯定感を育み、
「ぼく（わたし）はこの世の中に存在していいんだ」
ということを心から感じてもらいたいのです。

子どもには、一人ひとり、それぞれによさがあります。
子どもが自分で自身のよさを知り、自身の可能性を信じ、
かかわり合う人々を、互いに認め合える大人になれたら、
人生はしあわせに満ちた素晴らしいものになるはずです。

本書が、大切なお子さんの未来を輝かせるきっかけになれば、
こんなにうれしいことはありません。
ぜひ、子どもの未来を切り拓く子育てを、ともに実践していきましょう。

２０２１年　５月１日　大塚恵美子

なかで仲間とともに生きる喜びを味わう

わたしたちが大切にしている保育・教育理念

4つの柱

個の尊重　一人ひとりを大切にする

生きる力（人間力の育成）　心身ともに優れた人を育てる

心の育成　愛・思いやりを育てる

知の育成　考える力を育てる

7つの教育・保育目標

主体性　自ら考えて行動する子ども

想像性　感性豊かな子ども

自己肯定感　自らを信じ、愛することができる子ども

共生力　思いやりのある子ども（人、自然、もの）

自立性　自らの力で物事を進めることができる子ども

創造性　創意工夫ができる子ども

自律性　自らを律することができる子ども

大地の恵みに感謝の想いを抱き、自然

幼児期の終わりまでに育ってほしい10の姿

❶ 健康な心と体

❷ 自立心

❸ 協同性

❹ 道徳性・規範意識の芽生え

❺ 社会生活との関わり

❻ 思考力の芽生え

❼ 自然との関わり・生命尊重

❽ 数量や図形、標識や文字などへの関心・感覚

❾ 言葉による伝え合い

❿ 豊かな感性と表現

（厚生労働省　保育所保育指針）

子どもたちの未来を切り拓く子育て　目次

あか
きいろ

4章 ケース別 子どもたちの未来を切り拓くアプローチ 123

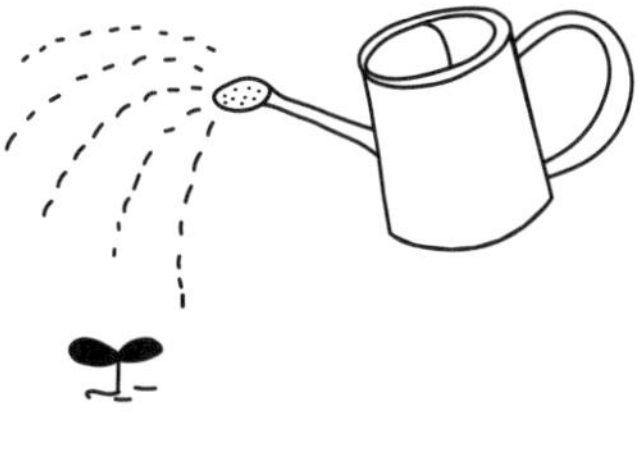

5章 タイプ別 子どもたちの可能性を引き出すアプローチ 159

はじまり
はじまり～♪

1
章

子どもたちを
豊かに育むための
16の原則

1

子どもたちの「個」を尊重する

子は個である

わたしたちが毎日意識しているのは、子どもたちと対等でいることです。

わたしの部屋（談話室）には、毎日たくさんの子どもたちが遊びに来ます。あいさつに訪れてくれたり、しばらく一緒にかくれんぼをしたり、おしゃべりをしたりして、みんな思い思いに帰っていくのです。

わたしも同級生だと思われているかもしれません。

子どもは、生まれながらにして、人格＝個として存在しています。だからこそ、「大人ファーストになっていないか？」と、原点に立ち返る必要があるのです。

子どもたちの情緒の安定を優先する

保育園は集団での学びをする場でもあります。

そこで大切なのが、まずは情緒が安定していることです。

「個」の充実があって、はじめて集団で遊ぶ楽しさにつながっていきます。

安心安全の環境で、情緒的に安定していること。

そのベースがあれば、３歳頃から、ほかの子どもたちとのかかわりのなかでルールを学んでいくことができます。この順番を間違ってはいけません。

従来の型にはめた教育では、この順番が逆だったのかもしれないなと感じています。

一人ひとりの「個」が充実して満足していれば、自然と安心安全でいいクラスになっていくのです。

2

食育を通じていのちを学ぶ

いのちを育むということ いのちをいただくということ

食事は、ただ食べるものではなく、大地で育まれていることを知ってほしい。そんな想いから、わたしたちの園では、月に一度の食育活動でクッキングをしています。子どもたちとサツマイモやじゃがいもを植えて焼き芋にしたり、パセリやレタスやバジルを育てています。バジルは摘んできて、ピザのトッピングにすることも。ランチルームには、わたしが一目惚れしたピザ窯も設置してあります。きゅうりは、栽培して2年目には108本ほど収穫できました。そのままキッチンに持っていき、翌日の給食の材料になります。こうして、**野菜をお世話するところからお食事をいただくところまで、一貫した食育活動**ができています。

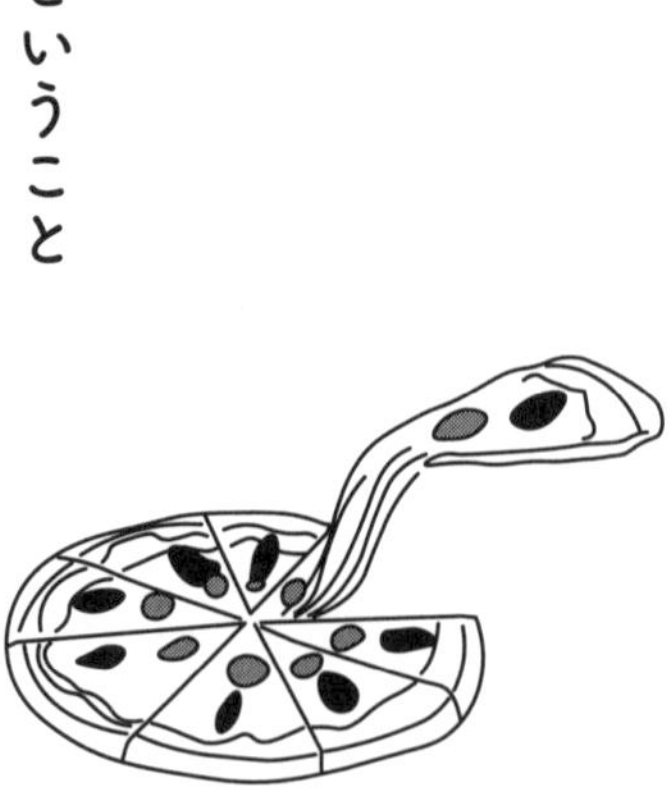

園の近くで種を売っているお店に、みんなで歩いて買いに行き、種を植えて肥料をあげて育てたハーブは、大地の恵みのファミリーデイのときに持ち帰っていただきます。また、農業が趣味のスタッフがお米を育てているため、毎年、感謝祭では、その新米を薪で炊き、自分たちでおむすびをつくったり、豚汁をつくったりしています。バレンタインデーには、自分たちでクッキーづくり。親子で食事をするときには親御さんへプレゼントしたり、ハーブティーをいただいたりする時間もあります。

子どもたちと絵本に出てくるパンを一緒につくる計画も、密かに進めています。

いのちを育むための食事にこだわる

自分のいのちを育むために、何を食べるのか。どう安心安全のものを選択するのか。これはとてもこだわりたいところです。子どもたちには、**「本物はおいしい」ということを知り、素材の味そのものも味わってほしい**のです。

食を通じて「自分も役割を持って何かできるんだ」という気づきや体験もできたらいいですね。園ではそういったことも考えて、行事やイベントを行っています。

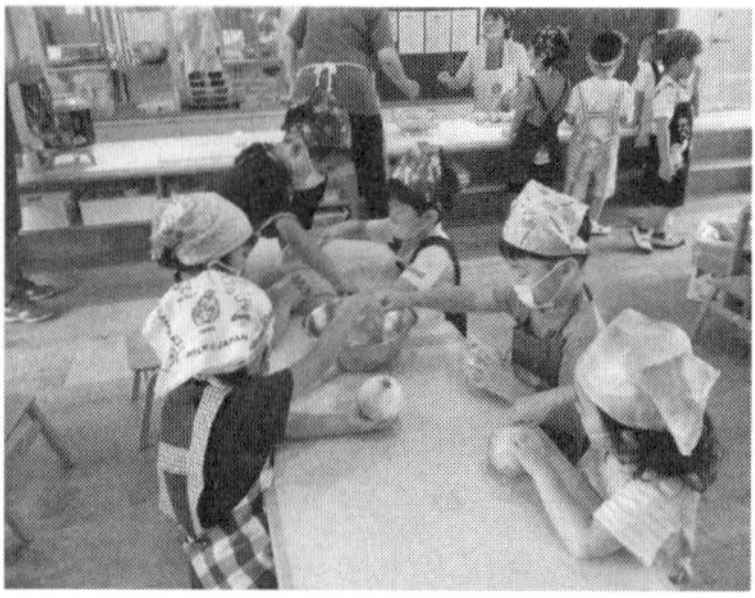

玉ねぎの皮をむくと涙が出てくるよ

収穫したじゃがいもで
大地の恵みのカレーをつくります！

0歳児もじゃがいもに興味津々

おむすびをつくるはずが…

おむすび

バレンタインクッキング♪
コースターも子どもの手づくりです

手づくりの新米を薪で炊いたよ

アツアツピザ

バジル・プレートも
自分で書いたよ

3 まわりとともに生きる力を育む

助け合うことを習慣にする

あるとき、職員研修のリトミックで、張り切りすぎてアキレス腱を損傷してしまい、松葉杖を使っている保育者がいました。

職員会議では、**「みんなで、自分でできるＧｉｖｅをしよう」**と話し合いました。そこで、お掃除当番を代わったり、赤ちゃんのクラスの担当であれば、足をいたわる声をかけたり、もしかすると、休憩中に足をさすったり、ほかにもできるＧｉｖｅはあるよね？　と発信。

そうすると、その保育者たちの様子を見て子どもたちも「先生、痛くない？」「大丈夫？」と声をかけてくれたり、足をさすってくれたり、車椅子のように、ローラー

のついた椅子の背面を押してくれる係をしてくれるようになったのでした。

保護者の方にも研修のときに起こってしまったケガのことを正直に話ししました。「松葉杖をつきながら仕事をする姿というのも、なかなか触れる機会はないと思います。これも何か意味のあることだとわたしたちはとらえています。子どもたちにも、ケガをした人が近くにいたときに、どんなことばをかけてもらうとうれしいか、ヒントになればと思って、子どもたちにも声をかけていきます」

この話には、続きがありました。その年の発表会では、このアキレス腱損傷の流れを笑いに変え、担任が転んだシーンからスタート。その後「アキレスケンタウルス体操」を子どもたちが披露してくれたのです。

保護者の方たちは温かい笑いで受けとめてくださいました。

まわりの誰かに何かが起こったとき、気づかい合うことが習慣になるとステキです。「共生力」は、人が人と生きるうえで欠かせない力だと思うのです。

4

自然に触れながら、生き抜く力を養う

自然と触れ合う

手しごとや、自然と触れ合って何かを収穫したときのあの喜び。畑で泥だらけになりながら空を見上げたときの真っ青さ。夕方、真っ暗になって、缶が見えなくなるまで缶蹴りしたときの、空が夕暮れから変わっていくさま。頰が一瞬にしてピーンと張って凍りそうな感覚、水をあげたときの草花の喜ぶ表情。

子どもたちには、**ゆったりと流れる時間のなかで、四季を、仲間とともに味わってもらいたい**のです。

わたし自身も両親が二人とも教員の家庭で育ちました。

共働きだったので、祖父母の存在がいつもそばにあり、ゆったりと包み込んでもらっ

て育ちました。その当時の豊かな経験が、いまでもとても生きているのです。

生き抜く力を養う

自然のなかで目一杯遊ぶ環境に身を置きながら、生き抜いてほしい。子どもたちに対して、そんな想いもあります。お預かりしている子どもたちもさまざま。置かれた環境によっていろいろあるけれど、自分の人生を全うしてほしい。

そして、しあわせを感じる瞬間の数が増えたらいいなと思うのです。

「生まれてきてよかった」「今日も楽しかった」「お友だちに優しいことばをかけてあげられた」「笑顔であいさつできた」という白玉（いいこと）をためる感覚を、子どもだけではなく、かかわる人みんなが感じられたら、何気ない毎日も豊かになるはずです。

5
謝る行為を通して、自主性や責任感を育てる

子どものうちから謝る経験をしておく

「謝る」ことは、とても大切な行為です。幼少期に育まれ、大人になってから特徴が出るものとも言えます。ですから、子どもの頃に心から謝ることができる経験をしていることは、人として生きるうえで重要だと思うのです。

たとえば「謝ったら負け」と思って育つと、勝ち負けの発想にとらわれた大人になってしまいます。また、謝りたくないのに謝ることを強要されると、謝ることへの抵抗を感じるようになってしまいますよね。

謝ることは自主性や責任をともなうこと。ほかの人に謝罪してもらってばかりでは、謝れない人になってしまうこともあるでしょう。

謝れない人からは、つい言い訳が出てきてしまいます。

そんなときは、「心のなかで言ったのね」と謝罪する側の気持ちに寄り添います。

そして次からは、自分のことばで伝えられることを信じるのです。

堀合文子先生は「お友だちを叩きそうになったらその手をサッととめるのよ」とおっしゃっています。

そうすることによって、「どうして?」と自分で考え、やがて「言い訳をしないようにするためだったのか」と気づいていくからです。

小さいうちから、余白や間をとって考えさせてあげてください。

すぐにはわからなくても、子どもには理解する力が備わっているのですから。

6

安心安全の場を提供する

0~2歳の子どもにはゆったり過ごしてもらう

子どもたちにとって、園は安心感に包まれて過ごせる場所だと思ってもらえることを心がけたいものです。**安心していると睡眠の質も時間も満たされ、ご機嫌で過ごすことができるから**です。

0~2歳の保育室では、デッキを隔ててすぐに園庭に出られるような造りにしています。この年齢の子どもたちは、健康上の部分や養護の部分でも、基本的な生活習慣がそのまま遊びと直結しているようなところがあります。

眠って、食べて、遊んで、寝て、排泄して、ミルクを飲んで、おやつを食べて…というこことをゆったりしたなかでさせてあげたほうが落ち着くのです。

3歳以上の子どもたちには就学への準備に取り組んでもらう

3歳からの子どもたちにとって大切なことは、やはり、基本的な生活習慣を身につけることです。

早い年齢でできるようになるからよいというものではありません。

しっかり身につけるために、日々丁寧に行ったほうがよいでしょう。

自分の持ち物がわかること、順番を待つこと、人の話をよく聞くこと、お友だちとの集団のルールを守ることなど、就学に向けての動きを意識するほか、自分の思いを伝えられるようになること、自分の意思で選択できるようになることを後押しする環境をわたしたちは用意しています。

安心安全な場で、自由な時間を提供してあげることで、子どもたち自らが主体的に遊べるようにしてあげたいですね。

7

行事は子どもと一緒につくっていく

季節の行事は日常の延長線上にある

発表会のため、運動会のために練習するということではなく、「行事は、日常の延長線上にある」とわたしは考えています。

いろいろな行事があるのですが、お店やさんごっこの場合は、**構想の段階から、お友だちと意見を出し合い、品物をつくるなど、協同しながら、ものごとをすすめていくことになります。**つくりたいものがあるからこそ、技術的なことも習得し、完成度も高くなっていくものです。

日常の延長線上にあるものなので、まず子どもたちの成長を見ながら、内容も子ど

もたちとともに決めていきます。

子どもたちから意見を出してもらって、一緒に行事をつくっていくのです。

0~2歳の子どもたちの場合にも、発達段階に応じて、自分で選択できることやさまざまな素材のものに触れてもらうことを心がけています。3~5歳の子どもたちには意見を聴くこともできるので、各保育室に、意見を書き込めるよう茶色の黒板を設置しています。

すると、工場長は誰々、社長は誰々と、おもしろい意見が出てきます。「工場長はぼく」と自分で手を挙げたり、人数がいっぱいのときは話し合いで決めたり、決めるときにも「どうやって決める?」と声をかけ、すべて子どもたちに意見を聴いていく。この経験を重ねていくと、何かの担当を決めるときにも、必要な人数だけ伝えると、自分たちで方法を生み出して、結論を出せるようになっていきます。

人生は、選択と決断の連続。

子どもたちには、答えを導き出す経験の場が必要です。

決めることを繰り返しながら、個々のいいところを伸ばしてあげたいですね。

8 いろいろなことに興味を持つ

「自己肯定感を育む」をベースに考える

発表会と同様、運動会でも「この役割をやりたい」という意見が子どもたちから出てきます。年長さんになると、「みんなの前で体操をする」「自分はこれをがんばりたい」などという目標が貼ってあるので、そこに向けても積極的です。

また、お友だちと協力したり、ルールを守ったりすることは小さな目標としてあります。**負けたときのくやしい気持ちを味わうこと、協力して勝ったときの気持ちを味わうこと、親御さんが必死で綱引きをする姿を見て応援することなどは、すべて大切な経験**です。

運動会の入場時には、その子のステキなところをひとりずつ台の上で担任が発表しています。「○○さんは、こんなところがステキです」と伝えて、台の上でごあいさつして、園庭を一周します。

緊張はするけれど、**自分の名前を呼んでもらって、「こんなステキなところがあります」「いま、こんなことに興味を持っています」とみんなに披露されると、自己肯定感が育まれる**のではないかと思うのです。

保護者の方たちにとっても、この入場時の園児紹介は、ほかの学年の子どもたちのことを知る機会にもなっています。同じ時期に同じ園に通って子育てするというのもご縁あってのこと。交流を持つことで、ともに子育てをしている仲間意識が芽生え、親御さんも将来の親友ができるかもしれません。

これらの取り組みは、すべて根底に、「自己肯定感を育むこと」をベースに置いているからこその判断です。

わたしたち大人が、いつでも「子どもの自己肯定感を育むこと」を見据えていたら、子どもたちはすくすく伸びていくはずです。

9

共生力を育む

「力を貸して」を言える子どもを育てる

子どもたちが本当の意味で自立し、お互いにありのままの姿を受け入れ、協力し合っていけるようになる。

そういう子どもをひとりでも多く園から輩出したいと思っています。

わたしが若かりし頃は、男女が同じように働くには、誰よりも早く起きて、準備をして、みんなが眠ったあとに家事をひとりでこなすというのがあたりまえの日常でした。

当時から、「本当の意味で共創・共生の世界が広がると、女性がもっと働きやすくなるだろうなぁ」と感じていました。もし、**お互いに協力し合って、共生できる子ど**

もたちを育成できるようになれば、世の中も変わるのではないかと期待しています。

実際にわが家でも、コロナによってリモートワークが増えた夫が、率先して食器を洗ったり、お風呂掃除をしてくれるようになったりしました。本当に助かっています。

日本では、昔から男の人を立てる文化がありました。もちろん、そのよさもありますが、もっとお互いが対等に言い合えて、いいものをつくっていくことができるようになれたらステキです。そのフラットな状態で、仕事も家庭も友人関係も築いていけるような社会になったら、しあわせが拡がりますよね。

共生力は、自己肯定感に並ぶくらい大事なものではないかと思うのです。

「共生力」が身につくと、ひとりでは味わえないような、なんとも言えない喜びを得ることができます。それを、子ども時代に成功体験として味わうことができたら、人とかかわることが好きになる子が増え、「力を貸してほしい」と言える関係性を築けるようにもなっていくはずです。その先の未来には、お互いが得意な分野を担当し、協同していく世界が待っているのです。

10

自分の想いを伝える場をつくる

自分の意見を語尾まで伝える

日本は右に倣《なら》えという文化が根強いので、自分の意見を最初から最後まで伝えることができる子がとても少ないと感じています。これは大人も同じです。

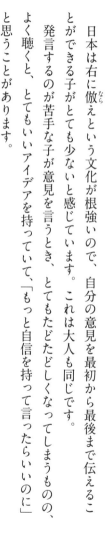

発言するのが苦手な子が意見を言うとき、とてもたどたどしくなってしまうものの、よく聴くと、とてもいいアイデアを持っていて、「もっと自信を持って言ったらいいのに」と思うことがあります。

いまは正しいか正しくないかをジャッジされる場がとても多いので、話すのが怖くなってしまっていることも原因のひとつかもしれません。

園では、自分の好きを伝える、自分のやりたいことを伝える、自分の想いを伝える、という経験をする機会を持てるよう、意識して取り組んでいます。

話は全部受け入れる

話し合いの場では、**話をしているときに、「間違っている・間違っていない」ということには注目せず、自分の思ったことを伝えることに重きを置いています。**

聴く人にも「話している人の目を見ましょうね」「相手の話を最後まで聴いてから、自分のことを話しましょうね」とお話ししています。


このとき、４歳や５歳の子でも「間違えていいの？」と尋ねる子がいるので衝撃を受けたことも…。

ですから、毎回「間違いはないから、自分の思ったことをお話ししましょう」と丁寧に伝えるようにしています。

そして、話してくれていることは全部受け入れて聴きます。

それを重ねていくと、最初は恥ずかしくて言えなかった

子も、立ち上がることすらできなかったような子も、次第に発表したくて手をまっすぐに挙げて、目で訴えてくるようになります。こうやって子どもたちが変わっていく姿を見られることは、大きな喜びです。

また、4、5歳児クラスでは、アンガーマネジメント*の時間を設けています。

ある先生が「みんないろいろな意見が出るようになってすごいね」と言ったところ、子どもから「アンガーマネジメントをやったからだよ」というお返事が返ってきたそうです。

それを耳にしたときには、いろいろな取り組みも「やってよかった。ちゃんと伝わっているんだ」と実感しました。

子どもたちが、**将来的に日本人として海外に出ていくことを考えると、自分の意見が言えるようになることは、これからの子どもたちにとって必要なこと**でしょう。

また、自分がイヤだったり、残念だったりしたことを口にすることで、心のなかがきれいになります。

＊アンガーマネジメントとは…怒りの感情と上手に付き合うための心理トレーニングの一種。日本では一般社団法人日本アンガーマネジメント協会が考え方・方法を伝えている。

モヤッとしていたことがことばにできると、見違えるくらいすっきりとした表情になるものです。逆にうれしかったことも話してもらいます。「ママにギュウしてもらってうれしかった」「『生まれてきてくれて、ありがとう』と誕生日に言ってもらってうれしかった」など。共感してもらえる人と場所のなかでことばを発することは自信につながるのだということを、子どもたちから教えてもらっています。

園児が発言することを楽しんでくれるようになり、大人であるわたしたちが実践するようになったことで、園の雰囲気が明らかに変わってきました。

子どもの発言を聴くということは、家庭でもできることですね。

いろいろな取り組みを通じて、子どもたちが一人ひとり、自分を表現できるようになってほしいものです。

11

個々が安定することで、集団が落ち着く

何より子どもが最優先

「何より子どもが最優先」という発想は、保育者が迷ったときに、自分を振り返る指針にしていることばです。この取り組みは、開園当時から意識してきたことでした。1年目の必死なときに、いろいろな園をまわっている心理士さんから「この園の子どもたちはとても落ち着いていますね」と言われ、とてもうれしかったことを、いまでもよく覚えています。

一人ひとりの「〇〇したい」という欲求や興味関心に保育者側が寄り添っていることで、子どもたちが満たされていることが大きな要因ではないかと思います。

満たされていることで、情緒が安定して、安心して遊び込むことができるのです。**個々が安定してくると、集団としても落ち着いて過ごすことができるようになります**。個が安定して集団が落ち着くと、ケガが起こりにくくなります。何かが起こることを「チーズの穴が通る」と呼ぶことがあります。ひとつの穴は小さくても、それが重なると穴同士がつながって、チーズを貫通してしまう——。

つまり、小さなミスが重なって大事故につながることをたとえたものです。

いまは、このチーズに穴が通らない状態、穴が少ない状態になってきているように感じています。

本来、個があって、はじめて集団が生まれます。でも、**日本の教育では、和を重視するあまり、まとめることを先にしようとする部分もあるのではないでしょうか**。

まず、泣いている子どもを抱っこして、「大丈夫だよ、安心だよ」と信頼関係を築くことが先。そこからまわりを見渡していく。

この繰り返しが、いい循環を生んでいくのです。

12

子どものペースを待つ

何も言わずに黙って見守る

子どもたちにかかわることは、手間が多くても丁寧さを心がけたほうがいいですね。わたしは、子どもとの丁寧な暮らしとは、子どものペースを待てることではないかと考えています。

答えをすぐに出せることがいい保育者ではないのです。**答えを知っていてもまず「どうしたらいいかな？」と問いかけてあげる。**そうすることで、子どもの頭のなかはフル回転します。ここが子ども主体の保育でとても大事なところです。

大人から「こうなったら、こうだよ」と言われてやったことは身につきませんが、自分が苦労をして「これはダメだったからこうかな、ああかな」と考えたことは

100％身につくようになります。子ども時代は、時間の制限がない状態でいろいろなことが体験できる貴重な機会。この機会を存分に味わってほしいのです。

たとえば泥団子をつくるときは、少し水で濡らす必要がありますが、それを知らず「なんで砂でつくっても、あの子みたいに固まらないんだろう？」と思っている子がいたとしたら、大人は気がついていても、黙って見守るようにしています。

また、別の場面では、ほかの子が濡れている砂をカップに入れてプリンのように固めているのを見たりして、あるとき気がつくのです。**発見するためのエッセンスを少しだけ出すことはあるものの、基本的にはひたすら待ってみる。**そうすると、自分で発見・成功する経験を味わうことができます。

もしも効率を求めてしまったら、この子どもが考える時間を待つことができなくなってしまいます。子どもの成長のためにも、効率よく進めるべきところと、丁寧に取り組むべきところは、間違えてはいけないのです。

13

困ったことも笑いに変える

いつも明るい方向を向く

ものごとがマイナスな方向に向かいそうなとき、転じておもしろい方向へ持っていけたら毎日が愉快になると思いませんか？

あるとき、廊下で3人の子が神様のような仏像のようなポーズで座っていました。事情を聞くと、お友だちと先生がトイレからなかなか帰ってこないので、通るときに驚かせようと思って、3人でポーズをとって待っているのだそうです。

しばらく見ていると、戻ってきた子も「神様のポーズはこうだ」と仲間に入ってい

て、とても和やかな雰囲気になりました。
ちょうどビデオを撮っているときだったので、撮影をしながら見ていたのですが、「子どもたちの純粋な気持ちに共感してあげたいな」と、改めて感じた出来事です。

どんなときも、考えがマイナスに向かいそうなときに**「ははは」と思わず笑ってしまうようなエッセンス**を入れる。そうすれば、大きなトラブルもなく、明るい方向に向かえるはずです。

そのうち、まわりも「そっちのほうが楽しいな」と、引っ張られていきます。
もちろん、徹底的に考えることも必要です。
でも、日常生活では、できるだけ笑いに変える心がけをしたいですね。

14

子どもの表情が変わる瞬間をつくる

その子に響くことばをかける

殻を破りたいけどうまくいかない子や、発達に特性がある子、様子の気になる子には、**その子に合ったタイミングと短いセンテンスを意識して、声をかける**ようにしています。何より、一日せっかく同じ空間にいるのに、ただ流れてしまうのはもったいないからです。


わたし自身も、園を退くときがかならずやってきます。

どんなことにも後悔はつきもの。

だからこそ、子どもたちに「あのときこういうことを伝えられてよかったな」と思って一日を終えたいのです。

そういった気持ちは子どもにも伝わるので、**何かひと言声をかけただけで、本当に表情がぱっと変わったりします**。わたしはその瞬間が大好きです。ひと言をきっかけに目が輝く瞬間を見られると、本当にうれしいのです。

保護者の方々にお伝えできたときは、さらに喜びが倍増します。

あるとき、とても工作の得意な子がいて、担任がその子につくってもらったバッチをつけているのを見て「ステキね～」と言ったら、あとでその子がわたしの分までつくってくれました。

わたしは一日中服にそれをつけて過ごしたのですが、その子はバッチに気づいたとき、とってもうれしそうな表情をしたのです。

もともと笑顔が多い子でも、うれしいときには目がさらにキラキラと輝きます。

たったひと言でも、子どもの心に響きます。

子どもたちの表情がぱっと変わる瞬間を増やしていきたいですね。

15

全力で遊ぶ

子どもたちだけで、安心して遊べる環境をつくる

「はないちもんめ」でも追いかけっこでも、わたしたちが子どもと遊ぶときは「思いっきり」を心がけています。

そして子どもたちが遊びに集中して、盛り上がってきているとき、**「子どもたちだけでも大丈夫そうだな」というタイミングを見計らってひょいっと抜ける**のです。抜けたあとは、別の子どもたちのところを見回りに行ったり、危険な場所がないかなどを確認しています。

もしずっと先生が一緒に遊んでいると、そこ以外の場所が見られなくなってしまいます。ですから、子どもたちだけで遊べるようになったら、子どもたちだけにして、

別のところを見にいく。そうすることで、安心安全が保てるのです。

先生が抜けても遊びが続いていれば、いいタイミングで抜けられた証拠。もし、遊びがおしまいになってしまったら、それはタイミングが違ってしまっていたということです。このタイミングにはとくに気をつけています。

遊ぶ時間は、とても尊いもの。会って観察をしているからこそ、何か変化があったときにも保護者の方に伝えることができるのです。

子どもたちが本当に安心して自分たちで遊べるようになると、保育者はその時間でスコップをきれいに並べたり、草をむしったり、くつをそろえ直したり、机や椅子を整えたり、環境を整えてあげることができるようになります。

そうやって環境が整うと、心地いい空間ができるのです。

遊ぶときも、子どもたちが主役であることを意識したいですね。

16

保育者同士で学び合う

保育者間で気づきをシェアする

あるとき、新人の保育者からこんな気づきのシェアがありました。

「いままでは、ご飯の前には絵本の読み聞かせがあるため『早く座らせよう』という思いになってしまいがちでした。でも、子どもたちが絵本を読みたいから座ることと、読む時間だから座ることの違いに気づけました」という内容です。

これは本当にその通りで、**「やりたいから○○する」という子どもの心の動きを大事にしたほうがいい**のです。

「子どもの心の動きを大事にする」といっても、子どもたちの人数が多かったり、時

間に焦ってしまったりすると、現場ではどうしても順序が逆になってしまいがちです。でも、小さい子どもからすると、自分の身体はまだ椅子に座っていない状態なのに「絵本の時間ですよ」と言われるので、気持ちが追いつかずに「わ〜ん」と泣いてしまいます。

そういった反応をさせてしまっていることに**自分で気づけたことは、保育者にとって深い学び**になったことでしょう。

そこから「ほかのときにも同じことが起きているのではないか」という話に発展していきました。これをきっかけに、一年目から学年主任の保育者まで全員で相談でき

たことで、園全体での対応も大きく変わってきました。

こういった気づきは、日々子どもたちのことを見ているからこそ得られるもの。

人によって、気づきはまったく違うものです。

それをシェアすることによって、自分にはない気づきを得られることは、とても大きなことだと感じています。

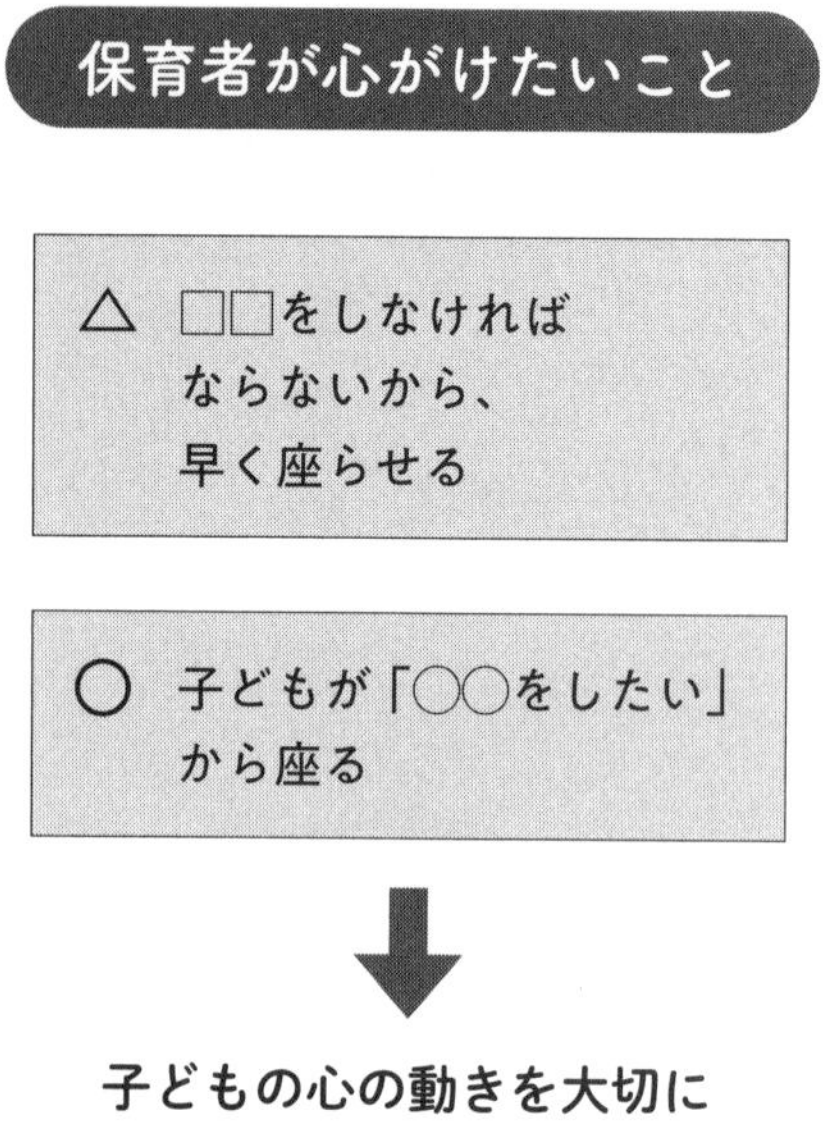

保育者が心がけたいこと
△ □□をしなければならないから、早く座らせる
○ 子どもが「○○をしたい」から座る
子どもの心の動きを大切に

コラム

保育者は空気のような存在になる

中庸の状態を心がける

とにかく子どもの声を聴く。聴く。聴く。
保育者であるわたしたちは、この姿勢を心がけています。
保育室に入ったときに、自分の存在を主張しすぎることがないようにするためです。
足音ひとつに気を配り、空気のような存在でありつつ安全にも配慮する。
そして、子どもが出すサインをキャッチします。

中庸の状態でいると、たとえば子どもがいつもとは違って表情が硬かったり、口調がとげとげしかったり、身をゆだねるような仕草をしたとき、「今朝はおうちを出てくる前に何かあったのかな?」と気づくことができますよね。

朝いつもわたしのお部屋に遊びに来て、「抱っこして」と言う子がいます。

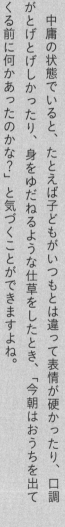

学年がひとつ上がって、環境が変わったことで、朝に少し不安がわくのです。
これはその子なりの儀式のようなもの。
ちょっと抱っこすると一日安定して遊ぶことができます。

子どもによって、感情の出し方はさまざま。
きょうだいがいる子は、親御さんが下の子のお世話で忙しいので「お部屋までおんぶしていって」と甘えてベタッとしてくることもあります。
思いを受けとめ、「はい、タクシーです！」とおんぶすると、満足してごきげんになります。

大人が空気のような存在になって、繊細に子どもに気持ちを傾けることで、子どもの心の声を聴きとりやすくなるのです。

園にいる保育者たちは、みんな同じ保育観のもとで、子どもたちとかかわりを持っています。
これからも、大切にしていきたい心がけです。

2章

子どもたちの五感を育む日常生活

17 土に触れる

土に触れながら生きる

土に触れることは、食とつながること、とわたしは考えています。生きていくための食物をつくるのは土。だから土に触れてほしいという想いが、大地の恵みのなーさりぃのベースにあります。

お水をあげて、お日様の光によって土から植物が育ち、火を使って調理する。そしていただくというこの循環を、子どもたちに園のなかで一貫性のあるものとして、体験を通して伝えていきたいのです。そのための土だと思っています。

土のなかから虫や幼虫も出てきます。肥沃な土なので、ときには驚くくらい立派なミミズも登場します。幼虫を育ててみようと、実際にカブトムシになるまでを見届けることも、大きな経験になりますね。

姫リンゴ
抱っこしてもらって届いた！

さつまいも大収穫

ふぁーむ

ブルーベリー
もうすぐ食べられるかな

自然とともに生きる

そうやって**土に触れ、**あたりまえのように**自然に触れていると、感謝の念がわいてきて、余計な争いが起こりにくくなる**のではないかと思うのです。

何かあったとしても、風を感じたり、雲の様子を見たり、風に葉が揺れている様子を見ることで、「ああ～いいな。今日は気持ちいいな」「またがんばろう」と、自分で浄化してリセットできるのではないでしょうか。

土に触れながら、「豊かなものがまわりにいっぱいあるんだよ」というメッセージを受けとってもらいたいのです。

とくに**日本には、素晴らしい四季があります**。

子どもたちや保育者と、移り変わる季節のなかで、空や月を見上げたりすることにしあわせを感じます。そんな日々を、大切にしたいものです。

2章

子どもたちの五感を育む日常生活

自然に恵まれた環境

四つ葉のクローバーは
あるかな

泥んこ

木登りできる
いろはもみじ

氷の宝もの

ビオトープ

18

原色ではなく、パステルカラーをとり入れる

色で安心感をとり入れる

パステルカラーには、やわらかいシャボン玉のなかに包まれるような安心感があります。**園では、素材、色合いに安心感や落ち着きを感じる要素をとり入れています。**

保育施設では、赤や黄色などのポップな色を外壁にとり入れることも少なくありません。

ただ、園は長時間過ごす場所なので、そういったポップな色は大人も子どもも落ち着かないところがあるかもしれません。

ですから、保育室自体は色みを抑えているのです。

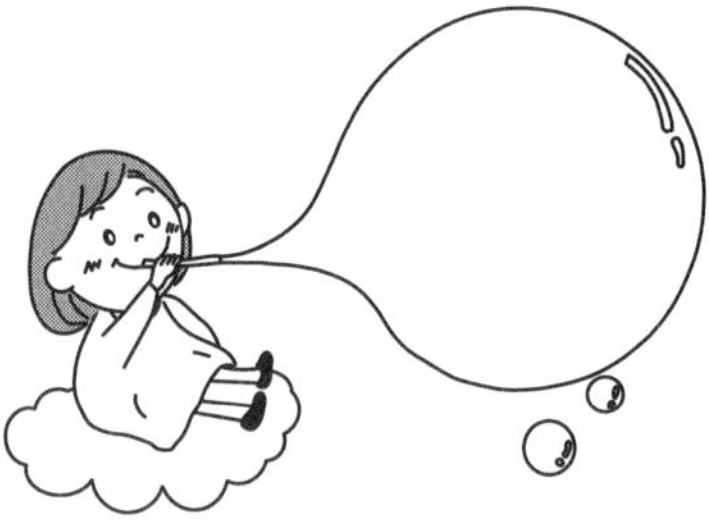

保育室に使っている色みは木の茶色がベースカラー

いかに過ごしやすいか、居心地がよいかを考え、子どもたちの過ごす保育室には、すべて良質な木を使っています。

ですから木の茶色が、園のベースカラーです。保育室のプレートも、木を白抜きにしています。おかげさまで園に一歩足を踏み入れると「木の香りがする」と言われます。

壁面をつくるときには、絵本から抜け出したような水彩で描いてもいいし、写真を貼ってもいい。段ボールや厚紙などさまざまな紙で変化を楽しみ、布で編んだものを飾っても自然に溶け込むように、ベースとなる部屋の色味を抑えているのです。

季節によって本物のツタを這わせたり、葉っぱを飾ったりすることもあります。

壁はアイボリー系で、作品を飾るところはブラウンにしているので、子どもが描いた絵がとても映えます。ブラウンをとり入れるのはめずらしいかもしれませんね。

大地を意識して、こだわったところで、黒板としても使えます。

ベースカラーは主張しすぎないものにすることを、園全体で統一しているのです。

19

食にこだわる

いのちをいただく喜びを体感してもらう

食はみんなで楽しくいただくものですから、新米の季節には、園庭で大きな釜を使ってご飯を炊くようにしています。

蓋に残ったものを「特別だよ」と言ってあげると、みんな雛鳥《ひなどり》のように口を開けて待っていて「おいしい〜」と言ってくれます。炊いたご飯はお塩もつけずにおむすびにして、お米そのままのおいしさを味わいます。

ご飯を炊くときにいいのは、火を使うこと。キャンプファイヤーや焚き火に人が集まるような感覚でしょうか。安全のため、水場の側で囲いをしてつくるのですが、炭から火をつけていく様子を子どもたちが見られるようにしています。煙があがって火

がついていく過程を見るのも、子どもたちには大きな経験になるはずです。

最近はパン食が増えてきて、お米の消費量がどんどん落ちてきていますが、もともと日本の食の基本はお米。お米はとてもおいしく、尊いもの。身体をつくるうえでも、日本食は最適です。もっと「日本食はみんなの身体に合っているものだよ」「おいしいよ」ということを知ってもらえたらと思っています。

季節の行事として七草粥や焼き芋をつくるほか、収穫した野菜を自分たちで洗って、キッチンに届けるところまでをしてもらっています。つくるところから食べるところまでの一連の流れで、「いのちをいただいている」ということを体験することで、食事・いのちをムダにしないことを学べます。

食といのちは直結しているもの。ですから、自分でおむすびを握れることを大切にしています。

食の大切さ、おいしさ、身体が食事に喜んでいる感覚を知っておくと、もしジャンクフードに走ったとしても、健康的な食事に立ち返ることができると信じています。

何より、「食事は楽しい」と感じられる大人になるはずです。

20

牛乳を上手にとり入れる

いろいろな視点を持ったうえで選択する

園では、直接的な牛乳の提供はしていません。

研修のときに、「**牛さんのおっぱいは牛さんの血液**だよ」と言うと、意外と知らない保育者さんもいます。園では、基本的には沸騰させた麦茶を提供しています。ノンカフェインであることも、麦茶をとり入れている理由のひとつです。

わが家では、娘たちには牛乳を買って飲ませることはしていません。

ただ、ミルクティーにしてこっくり飲みたいときもあったり、生クリームがほしくなったりすることもあるので、**身体が欲しているときは買いますが、常習化はせず、普段は豆乳を使用**します。

牛乳をとり入れていない園は、まだめずらしいのではないでしょうか。園のマニュアルブックには、牛乳について、このように記載しています。

・牛乳は、牛の赤ちゃんにとっての完全食品であり、早く成長するカルシウム源である
・牛乳のアレルギー症状であるアトピー性皮膚炎、嘔吐、下痢、慢性鼻炎、ぜんそくが起こりうる（『粗食のすすめ』幕内秀夫著・新潮社）
・牛乳はカルシウムの含有量が少ないうえ、人間の身体には吸収されにくい
・牛乳に含まれるリンを摂りすぎると、血中の銀イオンの濃度が高まり、バランスをとろうとして骨のなかに蓄積されてしまう。結局はカルシウムが溶け出して、骨粗鬆症になりやすい状態をつくってしまう
・ガンやクローン病を併発する可能性が高い

食が身体をつくるもの。だからこそ、これらを知ったうえで、何をいただくかを選ぶという視点が欠かせません。

21

手しごとにこだわる

指先を動かすことと、脳の発達はつながっている

手しごとは、子どもの発達に重要な役割をしてくれます。
指先を動かすことと脳の発達は、つながっているからです。

ですから、手しごとができるよう、園庭やエントランスには、子どもたちと一緒にお花を植えています。それをチョンチョンとハサミで切って、小さなグラスに生けてランチルームに飾ったり、お散歩に行ってペンペン草をとってきて飾るのです。

リトミックのときに使う縄を編んだりもします。
このように、指先を使って一定のリズムを習得することは、脳の発達につながります。

感触を味わってもらう

園では、0歳児さんも土や砂に触れて、いろいろな感触を味わってもらいます。年齢が高くなってくると、お水をジャーッと出して、ひんやりした感覚や、べちゃべちゃした感覚も楽しみます。

パンやピザ、クッキーづくりのときに手でこねるのも手しごとのひとつ。導入として、最初はねんどを各保育室に置いています。いつもはねんどで型抜きをしているけれど、「今日は特別ね。本物だよ」と実際にクッキーなどをつくるのです。

2〜3歳になると、お箸の使い方の練習にも挑戦。カラフルな輪ゴムを焼きそばに見立てたり、お弁当箱のようなものに、折り紙や新聞紙でつくったおかずを詰め込むこともあります。

実際に見て、触れて、感じることはとても大切なこと。なるべく、本物を見て、触れて感じることを体験する機会をこれからも多くとり入れていきたいですね。

22

絵で心情を表現してもらう

子どもが選ぶ色には、心の状態があらわれる

これはわたしの実体験です。下の娘がわたしのお腹に宿った頃、幼稚園に通う上の娘の自由帳に、本人の描いた赤と青のストロークの絵があるのを見ました。

その絵を見て「お腹に新しいいのちがいるのかもしれない」と思っていたら、本当に次女を授かっていたのです。

じつは、きょうだいが多かったり、親が下の子にかかりきりになっていたりすると、上の子どもがきょうだい関係と真逆の赤（動）と青（静）を選ぶということが多くみられるのです。

色には、子どもの心理状態があらわれます。ですから、わたしは園の子どもたちが

絵画教室で描いた絵をかならず見るようにしています。

では、子どもはどんな心理状態のときに、どんな色を選ぶのでしょうか。

たとえば、**心が満足しているときは、茶色や肌色、黄色、黄緑、水色、オレンジなど、楽しい色を使います。**

わたしが幼稚園で働いていた頃、「山火事注意」ということで、赤と黒で火事の絵を描いていた男の子がいました。何日も続けて描いていたところ、あるとき本当に火事になってしまったのです。そういうことも起こるのだということを知って驚いたことを、いまでもよく覚えています。

水疱瘡《みずぼうそう》が流行っていた時期にお休みした子のことを想って、紫色で顔いっぱいにぶつぶつを描いている子もいました。紫は「癒し」の色。これは、その子に治ってほしいという想いで、一所懸命に紫色でぶつぶつを描いているということです。

大人の口数が多いご家庭の子どもは、黒を選ぶことが多くあります。

黒はすべてをかき消すことができる色。口数をかき消したいという想いが根底にあるのでしょう。

寂しいときには、黒と赤で下のほうを這いずりまわっているような、画用紙いっぱいではない絵を描くこともあれば、紫色で、か細い線を描くこともあります。

色は自分の心を表現するツールのひとつ。

お絵かきは、心の葛藤や喜びなどを発散する大切な機会です。

絵の描き方にも、心の状態があらわれる

絵の描き方にも、子どもの心理状態があらわれます。

外で元気に遊んでいて「のびのびと自分を表現してもいいんだ！」と本人が感じられているときは、Ａ３サイズの画用紙から飛び出してしまうほどの絵を描きます。

一方で自信がないときには、小さく描いたり、筆圧が弱かったりします。

パワーがないときには力が入らないので、太いクレヨンで描いても、か細い線になってしまいます。

注目したいのは、顔から足が出ている頭足人を描いているときです。子どもが頭足人を描く時期は、ある一定の時期しかなく、わたしはその絵がとても好きなのです。お友だちやまわりの人など、温かい人に囲まれて過ごしていると、「これがぼく（わたし）で、まわりに○○ちゃんがいて…」と、頭足人をたくさん描きます。人に意識が向いていて、みんなと楽しめていることがわかります。

描いた絵で、家庭の力関係やかかわりを見ることもできます。おかあさんが大きくておとうさんが小さいこともありますし、自分を見てほしいと思っているときには、自分をおかあさんの隣に描きます。おとうさんとおかあさんの間に自分がいるときは、しあわせな気持ちのあらわれです。そう願っているということもあるでしょう。

月に一度の絵画教室では、発達の状況や人間関係などの背景を見させてもらっています。わたしの楽しみのひとつです。

ご家庭でも、ぜひわが子の絵を見て感じてあげてくださいね。

23

「サークルタイム」で子どもたちの自主性を引き出す

みんなの顔が見られる座り方にする

サークルタイムとは、みんなで円になって座ってお話しする時間のことです。

子どもたちの意見を聴くときには、全員の顔を見られるように丸く椅子を並べておきます。職員、保育者もそのなかに一員として入って話を聴きます。

みんなの顔が見えるように座ると、安心感がわきます。

この時間では、自分の意見をみんなの前で発表することができるようになるために、3・4・5歳児さんの頃からとり入れます。

4歳くらいになると、台の上に乗り、前に出て自分の意見を言ってもらうことも導入しています。

少し緊張してしまうこともありますが、意識の切り替えにもなります。小学校に入学すれば、人前で話す機会も増えてくるので、練習になると考えています。

子どもを認めるひと言を伝える

普段から心がけているのは、子どもたちの自主性を引き出すために、「発表したいお友だちはいるかな?」とうながして、手が挙がった子から発表してもらうということ。

手を挙げた子を前に呼ぶときには、

「ひとりずつ、お友だちのお顔を見るんだよ」

「みんなのお顔のどの部分を見るんだっけ?」

と、かならずスタートの前のお約束ごとを確認します。

もし最後まで発表できなかったとしても、「よく言えたね」と

かならず認めるひと言を伝えます。そうすることで、子どもたちは安心し、「自分を見てほしい」「みんなに聴いてもらいたい」と、我こそはと前へ出るように変わっていくのです。

子どもたちとルールを共有する

一方、お話を聴く側の子どもたちには、

「話している人のお顔を見るときにはお話を聴くことにしようね」

と伝えます。

これを習慣にしていると、子どもたちにもだんだんそのルールがわかってきて、「話を聴くときには、お話している人の顔を見るんだよ、目を見るんだよ」と、ほかのお友だちに伝えてくれるようになります。

そしておしまいのときには、次につなげるために、うれしかったことや楽しかったことを共有してお開きにします。

一日の最後には、居住まいを正す

一日の最後に「サークルタイム」のひとときを持つことも習慣化しています。慣れてくると、いつの間にか子どもたちが自主的に、円の形で座るようになります。

居住まいを正した状態で、「今日一日はこうだったね」「明日は、こんなことがあるからね」ということを振り返りながら明日の話題に触れることで、園に来る楽しみにつながりますね。

堀合文子先生も、保護者の方がお迎えに来る前の時間を大切にされていました。**季節の歌を歌うこと。居住まいを正すこと。子どもたちのことばのやりとりに耳を傾けること**…。そしてマナーについて、いつもにこやかに個々に細心の注意を払いながらかかわっていらっしゃいました。こうすることで、子どもたちも保護者の方たちも、落ち着いた状態で一日をおしまいにすることができるのです。

わたしたちもそうでありたいと、日々のお迎えの時間を意識しています。

24

心が豊かになる絵本を選ぶ

自己肯定感が根底に描かれているものを選ぶ

絵本は、自己肯定感が根底にあるものを選ぶのがおすすめです。

たとえば、草場一壽さん著の『いのちのまつり』（サンマーク出版）。「ご先祖様からのいのちのつながりがあって、自分がいるんだよ」ということを子どもたちに気づいてほしいので、「いのちを大事にしてね」と、卒園記念にプレゼントしています。

色彩やイラスト選びも欠かせません。

子どもたちの年齢に合わせてわかりやすいものを選ぶようにしています。

たとえば、**小さい子にはシンプルな絵の本、大きくなってきたら背景などもしっかり描かれている絵本**…といったようにです。

園では絵本を読む機会を多く設けていますが、早朝保育や延長保育のときには、ブロックや積み木で遊びたい子もいるので「みんなおいで〜」とは言いません。**「絵本読んで」と持ってきた子に対してだけ読んであげることが、その子の欲求を満たしてあげること、認めてあげていることにつながる**からです。

子どものなかには、読んであげても聞いていなさそうな子や、近くにいてもブロックで遊んでいるような子もいます。それでいいのです。

その子はブロックをしながら耳で聞くことで、愛情を味わっているのです。

ぜひ「見ていないから絵本を読むのはおしまい」とはしないであげてください。

その証拠に、そういう聞いていなさそうな子も、「また読んで」「もう一回読んで」と言ってくるはずです。

ひとりでページをめくって見るのが好きな子もいます。個々に楽しみ方が違っているからこそ、絵本ひとつでいろいろな広がりが生まれるのです。

絵本の読み聞かせをしてあげることで、想像力が豊かになり、語彙も増えます。

絵本のよさがわかれば、もっと生きる楽しみが広がるはずです。

25

絵本を通じてことばを豊かに覚える

子どもに響くことばかけをする

0歳児や1歳児の子どもは、繰り返しのことばがある絵本をたくさん読み聞かせすると、つぶやくようにそのことばを発するようになります。同じ本を、まるでおかわりのように何度も「読んで、読んで」と言ってくるのです。

園では、食事の前にひと呼吸置くために絵本を読むことがあります。

また、遊びのなかでも自由に手にとれるように絵本を置いています。

読み終えたあと、子どもたちは本棚から絵本をとってきて、保育者が読んでいたように指差ししながら絵本に触れたりします。

「保育者がことばかけをすること＝たくさん声をかけること」だととらえている人も

多いのではないでしょうか。

でも、子どもに響くことばは、はっきりしていて短いもの。年齢や発達に合ったことばのかけ方もあるので、たくさん声をかけることがいいこととは限りません。

絵本をきっかけに、優しく繰り返し語りかける

まだことばを覚えたての子には、たとえば、ゆっくりと「あ・か」と伝えてあげましょう。子どもはことばと体験とが一緒になったときにはじめて「あ、これが赤なんだ」と理解します。園に飾られている絵のなかに、一箇所赤い玉があります。「これ、赤だね。あ・か」と子どもに言うと、最初は黙って絵を見ながら聞いているだけなのに、だんだんと自分で指差しして「あか?」と言うようになります。だらだらと長く話していては、なかなかこのようにはなりません。

優しく、繰り返し語りかけることによって、子どもたちは吸収していきます。

0歳児と1歳児を担任していたある保育者は、優しく繰り返し語りかける姿勢で子どもたちに接していました。歌も効果的ですね。

すると、驚くほど語彙力が向上したのです。

大人が声を張り上げて子どもたちに話すと、子どもたちは、圧倒されてしまいます。雑音のように感じてしまうのかもしれません。これは、大人が主になっている状態です。

一方、**子どもたちが言ったことを拾って、寄り添うようなやりとりを習慣にしていると、子どもたち自身が、ことばを早く習得していきます。**

先ほどお話しした0歳、1歳児の子どもたちは、2歳児クラスに上がったときに、3歳の子どもたちと同じくらい語彙力が増えていました。

また、園に訪れるお客さまたちが「こんなに話せるんですか？」と驚いたくらい、ことばの一つひとつを丁寧に、かつきれいに発音していたのです。

落ち着いて話す子も多く、ゆっくりと聞きとりやすい発音にもつながっていました。

子どもたちのこのような成長は、保育者が先走らず、子どもたちの発達と成長に寄り添い、日常生活のリズムを大切に、優しく語りかけるように短いことばで接してきたことが影響しているのではないかと思います。

意識しないでいると、つい大人が話したいことを話してしまうことが多くなってしまいますが、絵本をきっかけにことばを磨き、子どもを主にしたかかわりを心がけたいものですね。

子どもに響くことばがけ

○ はっきりしていて短いことばをかける

○ 繰り返しのあることばの絵本を選ぶ（0～1歳児）

○ ことばをゆっくりと発声してあげる

○ 子どものことばを拾って寄り添うやりとりをする

26

日常生活で身体を鍛える

幼少期から足腰を強くする

子どもたちの身体を鍛えるために、園には傾斜を設けています。

もともとグランドスペースと芝生のエリアに段差があったので、そこを**子どもたちが自由にのぼりおりできるように、ゆるやかな角度にまで削ってつくりました。**

乳児クラスの子どもたちは、教室から芝生エリアに行くためにはその傾斜を越えないといけません。ハイハイで傾斜をおりるのが怖い子は、最初はお尻を向けてバックしながらおりたりしています。でも、1歳児クラスを控える頃にはタッタッタと上手におりられるようになります。

毎日の習慣は大切です。サッカーをしている年中クラスの子がボールをとりにおりるときには、足どりがしっかり安定していて、「やはり乳幼児期から体幹を鍛えてい

ると違うな」と感心します。

階段、サッカー、なわとび、竹馬も効果的

ほかにも、身体を鍛えることに向いているのが階段です。段差がある空間を日常的に使うことで、足元に気をつけるようになるのです。

スポーツでいうと、サッカーは全身を使えますし、なわとびもいい運動になります。竹馬や、その前段階の竹ぽっくりもおすすめです。

身体を動かしながら協調性も学んでもらえるよう、育てている植物の肥料を運んだり、砂場の砂を運んでもらうのを手伝ってもらうことも、日常生活にとり入れています。2人1組になって砂を運んだりして、重さや大変さ、協力し合うことの大切さを体感してもらうのです。

こうして振り返ると、身体を鍛えるヒントは、生活のなかにたくさん転がっていますね。

27 スマホやゲームは上手にとり入れる

親子間でお約束をつくる

これからの世の中を考えると、子どもがスマホもゲームも使えない状態では、将来とても困ることになるでしょう。

ですから、わたしはスマホやゲームを扱うことに反対ではありません。

子どもが大きくなってきたら、約束事を決める話し合いをおすすめします。夢中になっているうちに、つい時間を忘れてしまうこともあります。振り返りの時間も忘れずに持てるといいですね。約束事を守れていたら「スペシャルタイム」と称して30分サービスするというプラスのルールなら、約束を守ろうとしやすくなるでしょう。

使いはじめる時期は、ご家庭の環境によって違うはずです。

ただ、おにいちゃんやおねえちゃんがいる場合は、どうしてもスマホやゲームに触れる時期が早くなりがちです。

使うときには、「30分たったら目はどうかな」と目の確認をしてあげて、「じゃあこれくらいにしようか」とお互いに合意してお約束をつくってあげてください。

世の中に出ると、子ども自身も「理不尽さを感じても守らなければいけないことがある」という経験をします。でもここでは「30分だけならやってもいいよ」というように、親が決めたことを押しつけなくてもいいと思うのです。

子どもと何度も対話する

もしも**合意して約束をしていた場合は、それを守れなかったときにもう一度話し合いができます。そうすることで、人と話す力も育まれる**でしょう。

たとえば「このルールでよかったのか見直そう」となった場合、もしかしたら「一日30分ではゲームがいいところで終わってしまうから、大目に見てほしい」と子どもが言うかもしれません。そのとき「一週間で時間を決めて、いいところまでいったら、その日は倍にしてもいいけれど、ほかの日は短くする」という案が出るかもしれませんし、「週末は時間があるから、週末だけ少し長くゲームをしてもいい」というお約束になるかもしれません。

「決めたから絶対にダメ」とするのではなく、どちらも**幅を持たせることで、柔軟性が培われていく**のではないかと思います。

たかがゲーム、されどゲーム。

そこから対話を学んだり、ルールを学んでいく機会にもなります。

親御さん自身もゲームをする場合、「こうしたら攻略できるかもしれない」「こうしたらおもしろいかもしれない」というように会話が発展的になるかもしれませんよね。

そうした付き合い方ができたら理想的です。

ゲーム＝悪と決めつけない

そもそもスマホやＳＮＳなどは、「遠くにいる人とつながりたい」

「声を聞きたい」「顔が見たい」「これがステキだったから画像を共有したい」といった目的から発展してきました。

一概に悪とは言えませんよね。ですから、スマホを使うメリット、デメリットを話しておくのもいいかもしれません。

ゲームの場合、どうしてもやりすぎてしまうケースが出てくるでしょう。

でも、ゲームばかりしていたゲームオタクから、プログラミングができるようになって、会社をつくることになったという社長もいます。

昨今の学校では、プログラミングも早い段階で教わるようになるため、「ゲームは悪だ」と決めつけてしまうことはとても危険です。

親の価値観はそのまま子どもに伝わることも多いもの。

気をつけなければ、将来的に必要になるものが「悪」となり、子どもの未来をつぶしてしまう可能性だってあるのです。

28

備品は「安心」「本物」を選ぶ

園の備品は、「安心」と「本物」を意識しています。

それ以外に重視しているのは、保育者のわたしたちが楽しめるものを選ぶこと。

おもちゃはわたしたち自身が手で触って、子どもたちが遊べるかどうかを確認してからすべて提供しています。

●おままごとセット

木製のおままごとコーナーを設けています。おままごとセットがすべて木でしっかりつくられているので、安価ではありません。でも、安定感があって手に持ったときのぬくもりがまったく違うので、やはり本物を選びます。

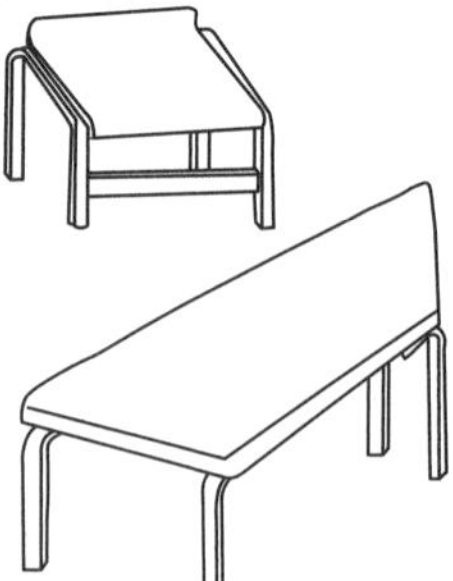

●積み木

園のある鹿沼市は、木工の市でもあるので、「大地の恵みの積み木」をつくっていただいています。杉の木のとてもいい香りがして、一つひとつは細長く、全部同じ形です。

子どもたちにとってとても持ちやすく、積み木の形と重さは、子どもたちが自在に遊び込むことができるのです。

毎年、積み木の数を増やし、わたしが入れるくらいのお風呂のような大きなものを子どもたちが積み上げています。何が生み出されるかわからない、創造力が育まれる積み木です。わたしの想像をはるかに超えたものが、毎回できあがっています。

●椅子

椅子は、腰骨をしっかり立てられるようなデザインで、背もたれが低いものを採用しています。

3、4、5歳児さんはランチルームでみんな一緒にいただくのですが、そのときの椅子にはまったく背もたれがありません。きちんと腰を立てて座ることになるので、就学してお勉強するときに、椅子に座っていられる子を育てることにもつながります。

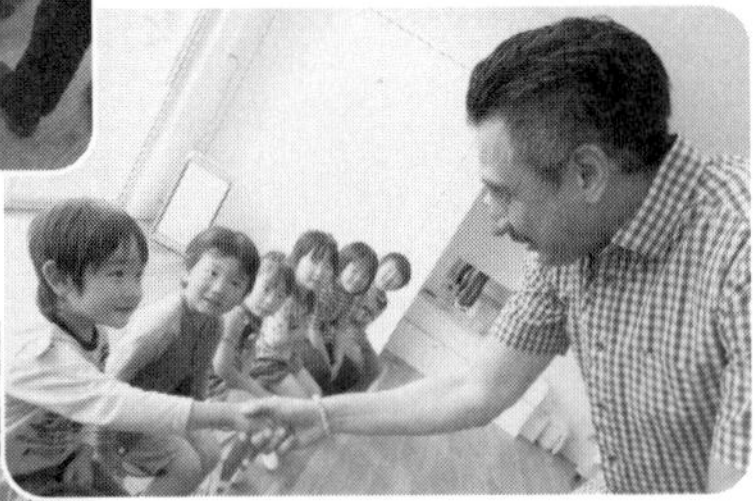

◎特別教室での活動

奈良出身で書道の先生をしているわたしの親友に、園で書道教室をしていただいています。その書道教室では、良質な筆を使っています。

絵画教室でも、三越で個展を開くような先生に、自由な発想で絵を描く楽しさを教えていただいています。

英会話教室の先生もネイティブの方、サッカー教室も、サッカーをこよなく愛している先生に来ていただいています。

本物を知る機会を提供したいという想いから、このような構成にしているのです。

一つひとつ、このようにチェックして、備品をそろえたり、活動を選んだりしていきました。子どもたちのことを想って細部にこだわっている分だけ、自信を持って提供できます。

コラム

環境を整える

0歳児から安心できる場づくり

0〜1歳くらいの年齢でお部屋が広すぎるところにいると「自分はどこにいたらいいのかわからない」と不安に感じてしまうことがあります。ですから**おかあさんの手が届くくらいのスペースがちょうどいい**でしょう。もともとは、おかあさんのお腹のなかにいたのですから。年齢と発達によって、適正なスペースが違ってくるということですね。

園では、0〜2歳児の子どもたちは、それぞれのお部屋でランチもおやつも食べて、午睡もします。

たとえば食事をしている間に、別の保育者が次のお昼寝用にコットベッドを準備しているような環境で過ごします。次の生活リズムが見えることで安心するのです。

保育室では、動の遊びと静の遊びのコーナー設定をすることで、子ども自身が遊びを選択できる環境・安心できる空間をさらに追求しているところです。

敏感で繊細な子ども（HSC）は、本当は遊びたくても不安で一歩を踏み出せず「ここにいたい…」という状態になってしまうことがあります。

そういった子どもにも配慮できる環境を整えていきたいと、日々思案しています。

3歳児になると、発達成長によって行動範囲も広くなることに合わせて、保育室を移動し、ランチルームで食事をいただきます。5歳児になると、就学に向け、少しずつ学校給食に合わせて時間調整していきます。無理なく就学を迎えるための配慮です。

0歳児が1歳になるまでの間にも大きな変化があります。**子どもの成長に合わせようとすると、1年間まったく同じ環境のままというのは、不自然**なことがわかります。

長時間過ごす園の環境のなかで、子どもたちの成長発達段階に合わせ、そのときそのときに必要なことができる環境づくりは、子どもたちにとって、とても大切なことなのです。

3章

子どもたちが
のびのび育つ
大人のかかわり

29

まずはただ抱きしめる

親自身もがんばりすぎない

子どもたちにとって一番うれしいのはやはり、**親御さんにギュウッと抱きしめてもらうこと**です。

運動会のときには、一番最後に親御さんからギュウをしてもらいます。

子どもたちが喜ぶからです。

もうひとつ、保護者の方たちには、「お子さんの話をよく聴いてあげてください」とお伝えします。ギュウをして、最後までお子さんの話を聴くこと、共感することを大切にしていただきたいのです。

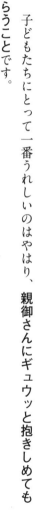

がんばりすぎず、疲れたときは、子どもたちにも「疲れちゃった」と伝えることも大切。時間がなくてプンプンしていると、子どもたちは「自分がいけないのかな」と勘違いしてしまいますから。

子どもだって親だって、日々がんばっている。

だからこそ、ギュウッと抱きしめる時間を、お互いに大切にしてほしいのです。

30

歩みをゆるめて話を聴く

バタバタ忙しく余裕のないおかあさんへ

日々忙しくて、子どもを連れながら走っているおかあさん、おとうさんが少なくないはずです。**ちょっと疲れてしまっているなら、まずは歩みをゆるめませんか?**

たとえば子どもの送迎のとき、自分の呼吸に合わせてゆっくりと歩んでみるのはどうでしょうか。ゆっくり歩いているときは、早口でまくしたてることはできないものですよね。

歩くテンポを子どものペースに合わせることは、とても大切なことです。

子どもは、歩いて帰る途中で土をいじったり、石を拾ったり、水たまりに入ったり…と、道草をしがちです。一見ムダに感じられるこういった行動が、思いのほか成長につながる経験になります。

小学生になると、みんなで並んで通学することが多いので、道草も難しくなってしまいます。小学校に入る前、**手をつないで一緒に歩ける時間というのは、じつは限られた貴重な時間**なのです。

バタバタとして気持ちが焦っているなと感じたら、子どもの歩調に合わせて、子どもの話をじっくり聴きながら、あえてゆっくり歩いてみてください。

きっと、走りまわっているより、豊かな時間に感じられるはずですよ。

31

子どもをひとりの人間として扱う

「子どもだから」という見方をしない

親が子どもをひとりの人格として扱うというのは、とても大切なことです。

以前、こんなことがありました。下の子が4月から入園し、上の子が年長児というご家族。ならし保育のときに、1歳になった下の子がおかあさんと離れることがわかって泣いてしまいました。

親子3人で帰るときに、会話のなかで、おかあさんがことばをかけました。

「今日も泣いていたみたいだね。おにいちゃんのように、○○ちゃんも園が楽しいことをわかったらいいね」

なんてステキな声がけでしょう。

おにいちゃんはとても心が優しい子なのですが、**おかあさんが「子どもだから」と**

いう見方をせず、彼をひとりの「個」として向き合っているからなのだと感じます。

「そうだったんだ！」と受けとめる

思いやりがあって、ベースが安定していると感じられる子の親御さんは、気持ちにゆとりがあり、子どもの話をよく聴いています。親が一方的に話すようなことをせず、「どうだったの？」と質問攻めにすることもしません。

子どもが発したことばをまるごと受けとめる親御さんの子は、総じて落ち着いています。

子ども自身も、自分の話を落ち着いて最後まで話しきることができると感じているからでしょう。

夫婦の連携がとれて役割分担できているのも、大切なこと。

夫婦仲がよいのはもちろんですが、たとえばおかあさんが早口でもおとうさんがゆったりとかまえているというふうに、夫婦間でバランスがとれているのもいいですね。安定した関係のなかにいると、子どもの心も安定するのです。

32

子どものありのままを受け入れる

子どものタイミングを待ってあげる

たとえば発表会のとき、おかあさんのもとへ行きたくて泣いてしまう子もいます。そんなときには、「無理やり引き離さないでください。**時期がきたら自分から離れて、踊ったり運動したりするようになります**。いまはまだその時期ではないととらえて、泣いていたらそのままを受けとめてあげてください」と伝えています。

泣いているのが悪いわけではありません。ずっと離れない場合は、「こういう機会はなかなかないので、おかあさんもぜひ一緒に参加してあげてください」と伝えます。時期になれば、こちらが手をつないでほしくても離していくのですから。そのときまで待つということでいいと思うのです。

「子どものありのままを受け入れる」ということは、早くできているからいいというわけではないということ。4月生まれの子もいれば、3月生まれの子もいます。ペースはバラバラです。

行事では、ほかの子どもたちもいる分だけ、気にしてしまう親御さんが多いのですが、たとえ緊張してしまったとしても、本人が「楽しかった」という思いで終われたら、「来年はひとりでやってみよう」と感じられるかもしれません。

ですから、**ほかの子と比べるのではなく、去年のわが子の様子と比較してどうなったかを感じていただきたい**のです。

子どものありのままを受け入れていれば、いつの間にか、子ども自身が成長していきます。安心して、ゆったり待ちましょう。

33

具体的にほめる

誰かと比較してほめない

ほめるときは「具体的に」ということを、わたしは意識しています。

ただ単にほめることだけをすると、「わぁ、〇〇ちゃん、素晴らしいわね！」「すごい！」「えらい！」「できたね！」といったほめ方になってしまいます。

そうではなくて、**「わぁ、〇〇ちゃん、よくここまで塗れたね」「よくここに気づいたね。助かったわ」と具体的に伝えてほしい**のです。

そうすると、子どもは「ぼくはお絵かきでいつも白いところがたくさんあるけれど、今日はこんなにたくさん塗ったことを見ていてくれたんだ」と気づき、気づいてもらえたことがうれしいと感じられます。

もうひとつ意識したいのは、ほかの子と比較してほめるのではなく、その子の素晴らしいところをほめるということ。

「誰かよりできたからすごいね」と言うと競争になってしまいます。もちろん競争が必要な場面もありますが、ずっとそうでは疲れてしまいますよね…。

「いつも人より勝っていなくてはいけない」「いつも一番でなければいけない」という子を育てたいわけではないはずです。

「この子のこんなところがステキ！」「こんなことが得意！」というその子独自の素晴らしいところを認めてほめる環境のほうが、きっと子どもも親もしあわせです。

また、**子どもの存在自体に「ありがとう」と伝えることは、子どもの自己肯定感を上げることにつながります。**

「そばにいてくれてありがとうね」「生まれてきてくれてありがとう」といったことばを、ぜひ日常的に伝えてあげてください。

しなやかで強い心が育つはずですから。

34

その場で注意する

ことばを短くして伝える

子どもが何かしてしまったときには、そのとき、その場で注意することが大切です。子どもは、あとから振り返ることができません。たとえば、お友だちに手をあげてしまったら、瞬時にその場で注意します。口でガミガミ言ったりはしません。

そして、「こんなとき、こんなふうにこうしてこうやられたらイヤでしょう？　だからやっちゃダメなの」といった**長い説明ではなく、「これはしないね」「こうしようね」とことばを短くして伝えます**。怒られる子自身も、「やっちゃった」という思いを持っているので、「しないのよ」とひと言だけ伝えます。

堀合文子先生は、ことばを短く伝えることを徹底していました。そして、口だけではなく、走って絶対に阻止します。手をあげそうになったら、走ってその手をとめるのです。それでも何回も手をあげそうになる子には、その手をとめて「しないのよ」のほかに「ね？」というひと言のときもありました。

その子にとっては「どうして〝ね？〟なんだろう？」と考えますよね。口だけではなく、全身で伝えているのです。また、手をとめてじっと目を見ておしまいというときもありました。堀合先生の指導で忘れられない場面です。

また、**手をあげようとしてとめたときには、「○○ちゃん、やろうとしちゃったのね」ではなく、「○○ちゃん、我慢できたわね」と、プラスのことに目を向けて伝えます。**

心の声を代弁する

「ごめんなさい」と謝るとき、ここまでことばが出かかっているけれど意地を張って出ないという子に対しては、「○○ちゃん、心のなかで謝っていたのね」と代弁してあげます。そして、その子が「ごめんなさい…」「ごめん…」と言えたとき、「○○ちゃん、言えたわね」という**ひと言を添えてあげてほしい**のです。

肯定してもらえたら、素直に謝ることができるようになるからです。

あげようとする手をとめられたとき、子どもはものすごい顔をします。

でも、こちらの必死さはその子に伝わります。

ほかの子もその様子を見ていて、「先生は全力でとめようとしている」と感じとり、手をあげられそうになる子を守ろうとします。

ことばですべてを伝えようとするのではなく、動きで示す。

このことを意識したいものです。

年中さん以上の子どもたちには、アンガーマネジメントを伝えています。

園のなかで共有している3つのお約束も紹介します。

【3つのお約束】

1　イヤなことを「イヤ」と言ってもいい。
「自分さえ我慢すればいい」と思って従うことは、自分を傷つけることになってしまう。

2　手をあげてしまうことは絶対にしない。
ことばの暴力も人を傷つけることになる。

3　ものに八つ当たりをしたり、ものを投げつけることはしない。

35

家庭の状況を確認する

家庭のことが保育生活に影響する

子どもがお友だちとケンカしてしまったときには、親御さんへ「おうちでは最近いかがですか?」とまず家庭での状況を伺うようにしています。

たとえば仕事がとても忙しかったり、**おうちのなかが落ち着いていなかったりすると、その影響が子どもの行動にあらわれることがある**からです。

親御さん自身の心に余裕がないなと思うときには、次のことを振り返ってほしいのです。

子どもと向き合う時間がないかもしれないな。
家族で会話する機会が減っているかもしれないな。
落ち着かないような出来事があったのかもしれないな。

園では、かなり気になるときには、別のお部屋で「こういうことが事実としてあります」という状況と、こうしたほうがいいと思うことをお伝えすることもあります。

おうちでの延長に園生活があり、園だけでは解決できないところもあるので、親御さんとの連携はとても大切に考えています。

信頼関係ができていると、親御さんから直接にお話を聴くこともできるので、ときには涙を流されることも。

心がざわざわするときには、ため込まずにぜひまわりの保育関係者へ打ち明けてほしいのです。保育関係者へ話をすることでスッキリすることもあるはずです。

わたしたち自身も、いつでもおかあさん、おとうさんの味方でありたいと思いながら、日々向き合っています。

36

「親として」「保育者として」待つ

家庭では感情を表現しやすい

親子の関係であれば待てないことでも、距離がある関係の場合、冷静に待つことができるのではないでしょうか。

わが家に長女が生まれたとき、「親として」待つことと「保育者として」待つことについて堀合文子先生にご相談したことがあります。

そのとき、「自分の子も、園の子も一緒よ」と教えていただきました。

わたしはまだその域には達していませんが、理想にしています。

一方で、**家族は一番近い存在であるだけに、自分の感情を表現しやすい場所**でもあ

ります。だからこそ、わたしは感情を出してもいい場所と思っています。

家族で本当の感情のぶつかり合いができていれば、「ここまで言われるとショックだ」「こう言われるとうれしい」という正直な気持ちに気づくことができます。

いまは非接触型の時代になってきている分、なかなか周囲の人と濃い人間関係が築きにくくなっている面もあるように思います。

家族とのぶつかり合いがあってこそ、はじめて人と人がかかわることの意味を感じられるのではないでしょうか。

「ここまでなら言ってもいい」「ここまで言われたらイヤな思いをする」といっ

た境界線がわかり、それが社会に出たときに生かせるようになるのです。

わたしも、もがくことがあります。日々「本当に深いな」と思うこともあれば、「それではいけないな」と反省することも…。

でも、それでいいのかなと思うのです。「ちょっとイヤな気持ちがしたよ」「気分がよくなかったよ」ということを、態度ではなくことばで表現できるようになったら、一人ひとりが生きやすくなるはずです。

わたしたちは、そんな世界の実現を目指しています。

コラム

話を聴いてもらえることが自己肯定感につながる

質問力も大切にする

子どもたちが、一所懸命自分の知っている単語を並べて自分の考えを話しているときには、口を挟んだりせず、ただただ黙って聴くことが大切です。

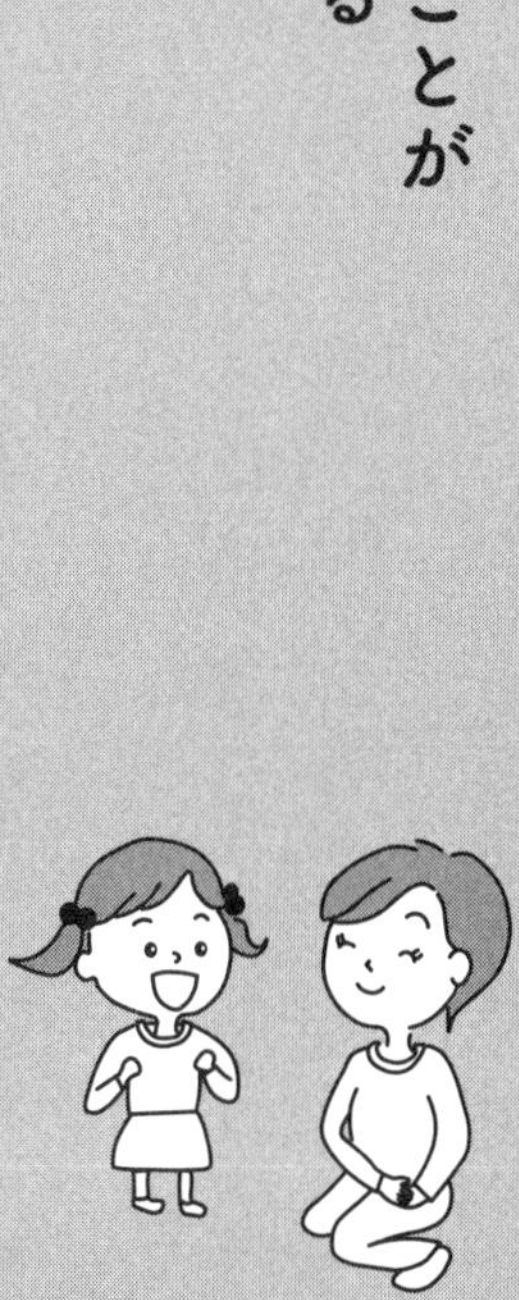

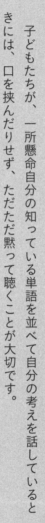

すべて話し終えたときは、子どもは本当にいい顔をするものです。

自分の話に耳を傾けてもらえる人や場所があることは、エネルギーになります。

アドバイスをしないでただ聴き役に徹することは、子どもたちに対しても、ときには大人同士の間でも大切なこと。話を聴いてもらえた子は、ニコッとして立ち去ってしまいますが、それでもいいのです。年齢が小さいと言語化が難しいため、泣いて自分の気持ちを表現します。それを、抱っこして受け入れていくことは、聴き役に徹することと同じですね。満たされる感覚を味わうのです。
この繰り返しをしているうちに、着実に自己肯定感が育まれていくのです。

年齢が高くなってきた子どもの場合には、こちらの質問力も重要になってきます。心配性で迷ってしまう子であれば、「こっちとこっち、どっちがいい？」などといった「YES／NO」で答えられる単純な質問からはじめるのがいいですね。

「この色のなかでどれが好き？」「イヤだったことは何かな？」「うれしかったことはどんなこと？」という質問に対して、子どもたちが考えて話すチャンスがあること。
そういう習慣をつけていく保育環境をつくり出すことで、人前でも話すことに慣れてきます。
それぞれの年齢や子どもに合わせて投げかけ方を変えてみることも、保育者が日々意識したいことですね。

自分の想いが相手に伝わったときの喜びは、相手の話に耳を傾けることにもつながっていくものです。

4章

ケース別
子どもたちの未来を切り拓くアプローチ

37

欲求や要求を子どもに自由に発散してもらう

「無」の状態をつくっていく

子どもの欲求や要求に応えることで、子どもの心を満たしていく。日々が、その繰り返しです。

たとえば「ウルトラマンのお面をつくって！」とお願いされたら、それを受けとって先生が真剣な表情でつくることで、「ぼくのために先生が一所懸命ウルトラマンをつくってくれているんだ」と、子どもは安心感を得ます。

染め物をするときには、布の白い部分がなくなるまで色で染めていくのですが、子どもたちは夢中になって取り組みます。これが「無」の状態です。「**心を無にすること**。

保育室は聖域」と堀合先生はおっしゃっていました。子どもたちの欲求を最大限満たすためにも、わたしたちは、常に無を心がけています。

声のかけ方も、大声ではなく目の前にいる子に聞こえる声で十分。こちらではねんど遊び、あちらではブロック遊び、そちらでは積み木やパズル遊び…と、それぞれに没頭します。ですから、わたしたち保育者は、邪魔をしないよう足音を立てずにつま先でそっと歩きます。

保育室に何十人も子どもたちがいても、本当に集中しているときは、シーンと静まり返るのです。その空間をつくれたら大成功です。

自由に選択させる

子どもの欲求を満たすには、子ども自身が自由に選択できる環境を用意してあげたいものです。

夫が堀合先生のもとで学ばせていただいていたとき、遊びはすべて一枚の白い画用紙からつくるところからはじめていました。

たとえば、子どもが「ウルトラマンを描きたい！」と思ったら、白いところがいっぱいの紙よりも、「目は黄色で、顔はグレーにカッコよく染め上がったウルトラマンのお面をしている自分がいいな」と胸をふくらませたりします。

自分の欲求が高まった分だけ、技術も日に日に磨かれていきます。紙をウルトラマンの色に塗りこんだあと、「今度はお面の目をくりぬきたい！」という気持ちが生まれます。

そうすると、今度は平面の紙をハサミでくりぬくために紙を折り、ハサミで切って輪ゴムをつなげるという工程が必要になります。

このような新しい技術に、自分からチャレンジするようになるのです。

素材も、紙という平面のものから、だんだん立体的な箱を使うように変わっていきます。たとえば、やわらかい紙にティッシュを詰めてぬいぐるみをつくったり、ビニール袋でマントをつくったり…。

子どもたちの発想が詰まった、自由自在な作品を見ると、思わず「なんて素晴らしいんだろう！」と感動してしまうほどです。

自由に選択する喜びを感じてもらう

「これをつくりたい！」という欲求が詰まって生まれた作品は、子どもたちの宝物になります。作品はさまざまで、ねんどで遊んでいる子もいれば、お絵かきをする子も。

したい遊びもさまざまです。ブロックで遊びたい子、砂場がいい子、なわとびをしたい子、すべり台をしたい子…。その日によって子どもたちの気分もまったく違いますし、得意なこともちろん違います。

自由に選択できる教育は、子どもの可能性をぐんと広げてくれるのです。

子どもたちには、自由に選択する喜びをこれからも感じてほしいですね。

38

思いを吐き出せる場をつくる

口に出すことでスッキリする

園では、一人ひとりの話を聴いたり、自分の意見を言う時間を設けています。

先日「コロナはいつまで続くんだろう?」とボソッと言っている子がいたとき、これはチャンスかもしれないと思い、年長児と年中児にサークルタイムを設けました。何を知っていて、どんな気持ちなのか吐き出せる場をつくってもらうことにしたのです。

こうした時間を、わたしたちの園では多くとっています。
ただ「怖い」と思っているのだとしても、それを口に出すことで気持ちはスッキリするもの。この習慣があることは、まさに精神衛生上いいですね。

子どもの頃から思いを素直に吐き出すことができる安心安全な場を提供していくことは、とても大切なことなのです。

気持ちを
共有し合える
仲間がいるのは
いいね
コロナが
早くなくなって
ほしいな
みんな
同じ気持ち
なんだ
ぼくも
吐き出せると晴れやかな気持ちになる

39

園の専用通貨でお金の扱い方を覚える

専用通貨「ドリー」でお店屋さんごっこ

園には、専用の「通貨」があります。お金の使い方も大切だと考え、保育者から名前と由来、デザインのプレゼンをしてもらい、「いろどり」から「ドリー」という名前になりました。「お店屋さんごっこ」をするときには、その専用の通貨を使って支払うことになっています。

ドリーで、手づくりのハガキを買ったり、「大地の恵みのカフェ」では保育者とわたしが焼いたクッキーやハーブティーも買うことができます。身体を動かすのも大切なので、園内で保育者がつくった「ストラックアウト」もできるようになっています。毎年、保育者がアイデアを出し合い、出しものの内容を決めます。保育者が出展する

お店屋さんごっこと、子どもたち自身が自分たちで話し合って出しものを決めるお店屋さんごっこを、数日で開催しています。

子どもたちの発達段階に応じてお財布もつくり、首からぶら下げてマイバッグを持って買い物に行きます。

そうやって実際にお金を使うことを体感しているのです。

お金は生きていくうえでなくてはならないもの。

苦手意識を持つのではなく、小さな時期から楽しみながら、お金のことを学んでいってほしいのです。

ドリーでお買い物
財布もオリジナル

背中でドリー

40

異学年交流は子どもの意外な一面を引き出す

おにいさん・おねえさんが、小さい子の面倒をみる

モンテッソーリ教育は、異年齢保育で有名であり、学年ごとで分けないような考え方がベースにあります。

わたしたちの園でも、この考えをとり入れています。

たとえば、クッキングパーティーという催しでは、慣れていない子どもをお世話するということで、年少、年中、年長さんがひとつのグループになるようにしています。そのグループで、一緒にピザのトッピングをするのです。

お芋掘りのときなどは、大きいおにいさん・おねえさんが小さい学年の子の手をとって一緒にお芋を掘ります。お店屋さんごっこのときにも、同じような形で面倒をみるのがならわしです。

異学年交流をしていると、子どもたちの意外な一面を目にすることもあります。

たとえば、大きいおにいさんが年下の男の子に、ものすごい前傾姿勢で目線を合わせて、「これがいい？」「こんなのも、こうすると楽しいよ！」と丁寧に説明してあげている姿。逆に、自分の好きなものを買って小さな子を置いていってしまう姿…。どれも、とても微笑ましい光景です。

このときの様子を保護者の方へ伝えることが、わが子の新しい一面を発見する機会になっているようです。おかあさんが「えぇ？　そうなんですか？」とリアクションするとき、仕事モードでキリッとなっている状態から解放されて表情がゆるんでいく瞬間を見ることができます。

同じ年齢の子どもたち同士でかかわるよさもあるのですが、異学年交流でしか得られない体験を、幼少期からさせてあげたいものです。

41

「先生が見てくれている」という安心感を与える

気になる子にはかならず声かけをする

園では、入室の前に朝の視診を行っています。感染症の対策もあり、熱を測ったり、消毒をしてもらってから集団のなかに入ってもらうようにしているのです。

このタイミングで、足どりや表情、目がいつもよりぼーっとしていないか、ケガがないかもしっかり確認するようにしています。

給食のときの食欲、食べ具合も、欠かさず見るポイントです。

「今日はなんだか元気がないな」と思ったときに、子どものほうからこちらに近づいてくることもあるのですが、そういうときには「お部屋で過ごそうか」と声をかけてあげて、その子が話しやすいきっかけをつくるようにしています。

習慣にしているのは、朝や給食のときに様子が気になった子、落ち込んでいたり、へこんでしまっていたり、自信がなさそうにしている子にはかならず声をかけること。ほんのひと言でいいのです。それが、子どもにとっては「先生が見てくれている」という安心感につながります。

ギュッとハグをしてあげるのもいいですね。

子どもたちを取り巻く環境も、一人ひとり違います。おうちのなかや登園の車で何かあったのかもしれませんし、お天気模様や、週末に向けて子どもなりに何かを感じていたり、平日の最終日の金曜日には疲れていることもあります。

ですから、「表情がいつもと違わないかな」と顔を見るようにしているのです。

大人がしっかり子どもの様子を見ることは、子どもにとって、深い安心感につながります。保育者も保護者も、心がけたいところですね。

42

寂しくて甘えてくるときには応えてあげる

あえて注意をしない

幼い頃にご両親の夫婦関係が良好でないご家庭の子どもは、眠るときに特徴的な行動をします。

保育者が抱っこやおんぶをしていないと眠れないことも少なくありません。たとえ0歳や1歳のときの体験でも、両親の不仲の記憶などは身体に残ってしまうのですね。

2歳以上になると、記憶が残っているようで、安心するために爪をかんだりします。そうすることで安心できているのだと思うので、あえて注意しないようにしています。

必要に応じて甘えさせる

きょうだいが多く、おかあさんが下の子にかかりきりになってしまう時期には、おにいさん、おねえさんが愛情を求めてくることも見受けられます。こういったときにも、求められれば抱っこやおんぶをしてあげるようにします。

子どもは環境や状況などのさまざまな要因で、寂しさを感じ、愛情を求めます。

そんなときには「お行儀が悪いから」「もう大きいのに」と我慢させるのではなく、ギュッと抱きしめてあげられるといいですね。

43

「ごめんね」を強要しない

本人が納得していないのに謝らせるのは逆効果

子ども同士でケンカしたとき、謝ることをうながすこともありますが、わたしは強制しないようにしています。**納得できていなくて、言えないこともある**ものです。

そんなときには、「心のなかで、○○ちゃんは謝っているんだよね」と代弁することがあります。これは堀合文子先生が使っていて素晴らしいと思い、わたしもとり入れているかかわり方です。

「納得できていなければ言えない」という経験は、大人にもあるのではないでしょうか。「ごめん!」は大切なことばではありますが、言えないときはきっと「まだスッキリしていないのかな。モヤッとしているのかな」という状態です。

そんなときに謝罪を強要されても、「納得していないのに言わされた」と感じ、火種が残ってしまうでしょう。
それでは問題が解決したとは言えません。

「ごめんね」を言えばおしまいではない

一方で、「〇〇ちゃん、謝られても許せないくらいイヤだったんだね」と、された側の気持ちを代弁することもあります。そんなときには「いまじゃないみたいね」「ちょっと考えよう」と言って相手と引き離し、間を与えることも大切です。

人間関係は、「ごめんね」を言えばおしまいというわけではありません。

「『ごめん』と言えばおしまい」と教えると、「ことばを言えばすぐに許してもらえる」と思ってしまう子になってしまいます。それでは、本物の人間関係を築ける大人にはなれませんね。

ことばだけを強要するのではなく、心で感じることを大切にしていきたいですね。

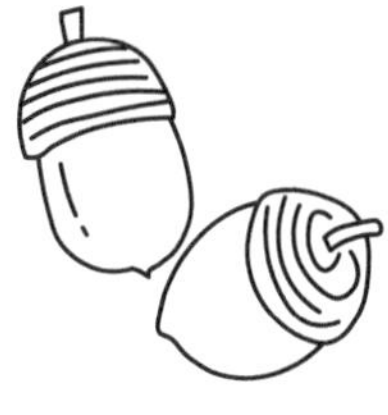

44

人を傷つける嘘は見すごさない

自己防衛のための嘘が孤立を生む

時々、まったくあるはずのない嘘をついてしまう子がいます。**これは、防衛本能が強くなりすぎてしまっているサインです。**

そういうときは「本当はこう思っていたんだよね」と伝えるだけでなく、「こう言ってほしかったな」とことばを添えるようにしています。

防衛で嘘をつくクセを持ったまま大きくなってしまった子の話を、ひとつ例にあげます。

高校生の女の子が、クラスで「仲良しのあの子は、あなたのことをこう言っていたよ」と嘘をつくそうです。

その子は、そうして仲たがいさせたあと、その子と仲良くなりたかったようなのですが、言われてしまった子は、「こう言われていた」ということにショックを受け、またそれが嘘だったことにも傷つき、学校がイヤになってしまうくらいの思いをしてしまいました。

こういった嘘をついてしまう子のご家庭では、親がとても厳しくて「いい子でいなければ」と演じて育ってきたケースが見受けられます。彼女の家庭も、なんでも親が決めてしまい、本人は「夢も何もない」「おかあさんが決めるからわたしにはわからない」という状態だったそうです。

その子は、クラス中のみんながうまくいかなくなるような嘘も言ってしまったため、学校でも孤立してしまいました。

この話を聞いたとき、「その子が高校生になる前にとめることはできなかったのだろうか…」と考えさせられたのを覚えています。

親が過剰に心配していることが本人にも伝わって、「自信がない」という状態になってしまったのかもしれません。

そのため、自分の意見を言えなかったり、自分の本心がどこにあるのか言語化できない、選択ができない…ということになってしまったのではないでしょうか。

健康的な心を育むことは、小さな頃からの積み重ねです。

防衛心が解けないままでは、こういうことにもなってしまうのです。

時間をかけてきちんと話を聴く

もし子どもの根深い嘘が続くようなら、そのときには話をちゃんと聴いてあげることが必要です。

誰しも嘘をついてしまうことはあります。
「自分をよく見せたい」という気持ちは、みんなが持っているもの。
ですから、そこに寄り添いながら「○○ちゃんはこうだったかもしれないね」「相手は『嘘をつかれて、すごく悲しかった』って言っているよ」と、相手の気持ちを通訳してあげたほうがいいでしょう。

「悲しかった」「苦しかった」「つらかった」という感情の動きがわかってようやく、嘘をついた子も「よくなかったんだ」「自分がこの人のことを傷つけてしまったんだ」と気づく経験になります。

このように、子どもにとって必要な経験を逃さないようにすることが重要なのです。

小さな頃のことでも、人生にムダなことはひとつもありません。

先ほどの嘘をついた高校生の女の子についても、学生のうちに課題と向き合えたことをきっかけに、楽しい高校生活を送れるようになったそうです。

ときには注意することも必要

そもそも、**嘘をついたり、よく見せたりしようとする子は、とても敏感な子でもあります。**

まわりの状況がわかってしまうので、余計によく見せようと思って言ってしまうのでしょう。そこを本当の意味でわかってあげられないと、心を開かなくなってしまい

ます。もし子どもが嘘をついたら、時間をかけてゆっくりと寄り添いながら聴いてあげてください。

あまりにも人を傷つける嘘が続く場合には、あえて注意することも必要です。

わたしたちの園でも、小さな嘘であれば、園内で対処するだけにとどめることがありますが、相手を傷つけるような嘘をついてしまったときには、事実を保護者に報告することもあります。

「もう終わったから大丈夫ですよ」

「こういうところに気をつけて見てあげてくださいね」

「気持ちが沈んでいると思うので、一緒に絵本でも読んであげたら違うかもしれませんね」といったことを伝えるのです。

嘘のことだけをただ問い詰めていると、子どもは心を閉ざしてしまいます。

嘘について触れたり注意をしたあとには、一緒に絵本を読んだり、一緒に絵を描いたり、ぬり絵をしたり、一緒に散歩をしてあげたりして、何かをともにする時間も大切にしてくださいね。

嘘を注意したあとのケアを大切に

45

生き抜くための手段は普段から伝える

マナーを大切にする

子どもの頃からマナーを身につけることを、わたしたちの園では大切にしています。

たとえば、お食事の前には手をお膝のところに置いて配膳を待つようにしています。その際には、口で言うだけではなく、後ろ側から手をひざに置くように、手を添えます。お食事の時間を待つこともマナーのひとつです。

お食事が終わって「ごちそうさま」のごあいさつをするときには、食べものに対して、そして食事をつくってくださった人に対して、さらに食事をいただけたことに対して感謝をし、手を合わせています。ですから毎回「ごちそうさま」は、静かになってからするようにしています。そのようにすることで、おしゃべりをしている子も、自分で考えて「あ、静かにしなくちゃ」と気づくことになるのです。

社会で起こっていることと対策を共有する

健康について、社会で起こっている状況についての話もします。

あるとき、ランチルームのところに集まっている3・4・5歳児に、感染症がはやっているお話をしたうえで、「身を守る方法があるよ」と話し、手洗いとうがいをするように伝えました。

さらに「自分の体温よりも温かめのお茶を飲むと効果があるって聴いたよ」と伝えたところ、保護者の方から「『冷たいのではなく温かいのがいいと言われたから、水筒には温かいお茶を用意してね』と子どもに言われました」という声がありました。**状況をきちんと伝えたうえで、防御策があること、だから大丈夫であることを伝えると、子どももしっかり認識してくれる**のです。

このように、いま置かれている状況、それに対する対策などを全員に伝えるのは、3・4・5歳児さんからにしています。

いのちを全うしてほしい

ニュースでミサイル関連の事件があった頃、避難訓練のときに、子どもたちに「ミサイルって知っているかな？　テレビのニュースを見たことがあるかな？」と尋ねたことがありました。すると、「わかる！」「知ってる！　北朝鮮のミサイルだよね！」という声があがりました。

そのとき、「そういうときには窓の近くにいないほうがいいんだよ。一番守られているのは窓がないこの場所だから、もしミサイルが飛んできたときにはみんなここに集まるんだよ」と伝えました。具体的に共有すると、子どもたちはしっかりと理解し、不安にならずにすむのです。

地震の場合にはミサイルとは対応が異なるので、「ものが落ちてきたら、頭を守るために机の下にもぐってね」といったことを話します。

社会が不安定で、親御さんも子どももキュッと力が入っているようなときには、発散させるために、年中さんと年長さんに「〇〇って知ってる?」とサークルタイムで問いかけたりします。

128ページでも触れましたが、子どもたちが感じていることをみんなと共有することで、「怖いと思っているのは自分だけじゃないんだ、みんなもそうなんだ」と発散することができます。

「子どもたちには、何があっても生き抜いてほしい。自分の親から続いてきたいのちを全うしてほしい」という思いがわたしにはあります。

ですから、子どもたちには、これからを生き抜いていくための知恵と手段を知ってほしいのです。

そのために現場でできることを、わたしたちは積極的にとり入れています。

46

人と接するときには感情をコントロールする

感情コントロールは自己肯定感と同じくらい重要

自己肯定感ももちろん大切なのですが、生きるうえでは社会のなかで自分の感情をコントロールする力も欠かせません。

人が話しているときには、その人の目や顔を見てしっかり聴き、自分が話したくても待つこと。サークルタイムやアンガーマネジメントを教えるときには、このことも伝えています。

食事のときには手をひざに置いて、みんなが準備しているのを静かに待つ。自分、自分、と前へ出ることもときには必要ですが、「いまは待つことをしよう」と抑制す

る力も育みたいですね。
日本人はもともと「待つ文化」を尊んできた民族だと思います。**園の仲間と触れ合うからこそ、自分と違う考えと向き合い、遊びのなかで折り合いをつけていくことを学べます。**ただ、仲良く遊ぶことだけでなく、「自分はこういう考えなんだ」と伝え、「あなたにはそういう考えがあるんだね。ずいぶん違うね。でもこういうふうにできるかもね」と、融合させていくこと。この試みは集団だからこそできるのです。子どもたちだけではなく、大人同士の間でも同じですね。

一緒に課題を見つけて、目標設定をし、そこへみんなで向かっていく。運動会だったり、作品展だったり、お料理をつくることだったり…とさまざまな機会がありますが、人とかかわるなかで、自分の感情コントロールができることは、必要不可欠なものなのです。

コラム

ケンカのあとは気持ちの切り替えを

気持ちが落ち着くように、その場を離れる

子ども同士のケンカのあとの「ごめんね」は、仲直りの魔法のことばです。ことばにできずにいる子には、「心のなかでごめんねって言ったのね」とフォローすることもあります。

場がおさまってからも、ちょっとギスギスしたり、あとで反省したり、居心地が悪くなってしまったり…と、気持ちがモヤッとしてしまうもの。

そのときに大切なのは、切り替えです。

リセットするために、いったんその場を離れることも効果的です。

子ども主体の保育では、基本的に「こっちに行こう」と誘導したり、「こうしたらいいよ」と教導することは極力控えています。でも、気分転換ができにくい子、切り

替えができない子に関しては、例外として、手をつないで別の場所に移動することがあります。

「ケンカ＝悪である」という概念をはずして対処するのも、忘れてはいけない姿勢です。ケンカをしながら、子どもたちは、自分と違った相手の気持ちを理解したり、対処法を学んでいるのです。

日頃から子どもの力を信じる

教導ということばは、あまり耳にしないフレーズかもしれません。

字のごとく「教え導く」という意味ですが、園内の保育者たちは、「教えることは一番最後」という姿勢で子どもたちに接しています。

なぜなら、子どもたちには自己解決の能力が備わっていると信じているからです。

実際に、ほんのひと言のことばがけがあれば、子どもは自分で立ち直るきっかけをつかめるようになっていきます。

たとえば、**子どもが何かあったときに落ち込んでしまったとしたら、まず心がける**

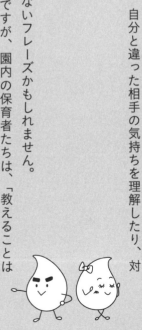

のは「そうされたらイヤだったね」と寄り添うこと。「この人はぼく（わたし）の気持ちをわかってくれたんだ」ということを繰り返すことで、信頼関係が形成され、絆が生まれていきます。

「わかってくれている人がいる」と思うと、勇気がわいてきます。

そうして「何があってもぼく（わたし）は大丈夫」と、自分で立ち直れる子になっていくのです。

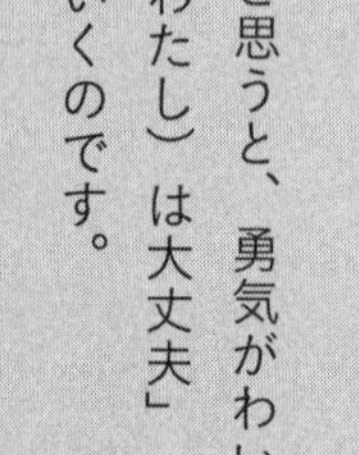

あるとき、繊細な子が、イヤなことを言われて納得できなかったときに、部屋の隅に行って「わ〜っ」と言って発散して、何事もなかったかのように戻ってきたことがありました。自分でモヤモヤとした感情を発散・リセットして戻り、遊びはじめたのです。

年齢によって切り替えの方法も変わってきますが、自分で気持ちの切り替えができたひとつの例ですね。

「ぼくは、悲しかったよ」「わたしは、こうしてほしかったの」と自分の感情や想い

をことばで伝えることで、上手に怒れるようになっていきます。

そのために必要なのは、**保育者や周囲にいる大人が、子どもがどんなことでイラッとするのか、反射的にどういう言動をしやすいのかをしっかりと観察していくこと。**

そして、その子の傾向を把握したうえで、感情のコントロールの仕方をサポートしていくことが求められます。

まわりの人が、子どもの気持ちに寄り添う習慣がつくと、子どもが自分で感情の整理ができるようになるのです。

気持ちの落ち着かせ方はさまざま

子どもがケンカをするとき、カッとなって、乱暴なことばを発したり、手を出して、感情を爆発させてしまうことがあります。

ことばは、使い方次第で凶器にもなります。

口調が強くて、トラブルになりやすい場合には、「そう言われたら、悲しいよ」と、言われた相手の気持ちを代弁して伝えていきます。子どもをよく見て、「優しく言えたわね」と認めることばを伝えていくことで、「これは、よかったんだ」と子ども自身に気づきを与えることもできます。

手が出てしまいやすい子の場合には、手を出しそうになる瞬間に、手をとめます。「それはしないのよ」と伝えたり、考える間を与えるために手をとめるだけであえて何も言わないこともあります。

手をあげられそうになった子どもも、保育者の対応を見ています。手をあげそうになった子の行動をとめることで、「あなたのことは、守るから大丈夫」「安心してね」というメッセージが伝わります。

ケンカの直後だけでなく、エネルギーがあり余っている子には、全身運動をするために歩いたり、縄跳びをしたり、サッカーなどの走りまわるスポーツに取り組んでもらうこともおすすめです。

ちょっと内にこもりがちな子であれば、やわらかいぬいぐるみや毛布などに触れることで、安心感を抱いてもらうことができます。
それぞれに合った対応をするには、やはり子どもたち一人ひとりをよく観察することが不可欠ですね。

実際に、徒歩の登園に切り替えてから、朝の様子が落ち着いたという子もいます。
そのときに、おかあさんに「忙しい朝に時間をつくってすごいですね〜」とお声がけすると、おかあさん自身も安心します。

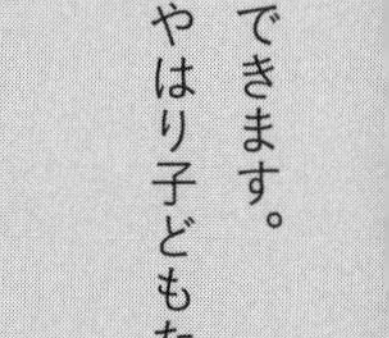

お仕事へ向かう朝の時間は、しなければいけないことが山ほど！
毎日のことですから、子どもだけでなく、おかあさんへの配慮も大切にしたいところです。

みんなが認め合うことばが飛び交うと、世界は変わりますね！

日頃から心の安定を大切にする

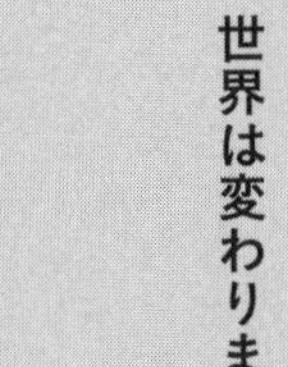

心と身体は密接にかかわっていますが、まず心のあり方が、より肝心ではないでしょうか。

心が安定していることがすべての土台。

安心感を得られると、人はいろいろなチャレンジができるようになっていくのです。

子どもの心が安定することを、一番に考えていきたいものですね。


それにはまず、**おかあさん、おとうさんご自身が自分を認め、自分のごきげんをとること。これが一番**にしていただきたいことです。

１００％でなくてもいいのです。

70％の自分も受け入れること、格好悪い自分もさらけ出すこと、一日を振り返ったときに、できたことにフォーカスしていくことで、日々が変わってきます。


話を聴いてくれる方は、いますか?

ぜひおかあさんも、おとうさんも、自分の興味関心のあるもの、大好きなものと向き合う時間を、一日5分でも10分でもとるようにしてくださいね。

5章

タイプ別
子どもたちの
可能性を引き出す
アプローチ

47

いつも落ち着きがない子の場合

満たされた状態がベースにあると安定する

いつも落ち着かないという子の場合、どうしたらいいでしょうか。

まず、落ち着きがないということは、情緒が安定していないということ。

親の行動に子どもが満足できていない状態ということです。

でもこれは、決して親御さんが愛着行動をしていないということではなく、本人が満たされているかどうかという問題です。

子どもによって愛情のタンクの大きさはさまざま。
少しギュッとするだけで満足する子もいれば、タンクが大きくて、親がとてもがんばって愛情を注いでいても、本人は満たされないというケースもあります。

反対に、親が子どもにあまり手をかけていないという場合もあります。このタイプの子は、園での人間関係のなかで、満足できていない要素を満たそうとします。

たとえば、おかあさんのおっぱいのかわりに先生の胸ややわらかいところに触りたがったり、寝ているときに自分の耳たぶを触ったりするのです。

年長になっても子どもが胸を触りたがるときには、「大事なところだからそこは触らないでね」とはっきり伝えるようにしています。

忘れてしまうとまたクセが出てしまうこともあるので、そのたびに何度も伝えてあげてください。プライベートゾーン（水着で隠れる部分）は大切なところであることを知る機会にもなります。

小さい頃におかあさんにベタ～ッと甘えさせてもらえていることは、子どもにとって大切なこと。**「大丈夫だよ」とギュッとしてから送り出してもらえると、安心感のなかで遊ぶことができます。**

満たされた状態がベースにあると、園でも楽しく遊べるようになっていきます。

愛情を注いでいれば、「ほしいほしい」も次第に落ち着く

わたしの次女はとてもタンクの大きい子でした。

わたしも相当がんばって愛情を注いだつもりですが、それでもいつも「ほしいほしい」と求めている様子でした。

ずっと抱っこをしていないと泣くので、ご飯をつくるときもずっとおんぶ。園から帰ったあとも公園に行って、真っ暗になるまで一緒に外でたくさん遊ばせていました。

でも、それでも「もっともっと」とほしがってくるのです。

そのときに、**愛情のタンクが底なしの人がいる**ことを知りました。

この**タンクの大きさは、生まれつきのもの**なのではないでしょうか。

長女のときにはすぐにタンクが満タンになったのですが、次女のときにはまったく満タンにならず、試されているような気持ちになりました。

タンクを満たそうとがんばって、育児でへとへとになっているおかあさんの気持ちを、わたしはこのとき身をもって知ることができました。ですから、多くのおかあさんに、「へとへとになった自分を責めないでほしい」と伝えていきたいのです。

この愛情のタンクの差をわかっていると、おかあさんもとてもラクになるはずです。きょうだいがいる場合はとくに、比べないようにしようと思っていても、差を感じてしまうことがあるでしょう。

でも、**愛情を注ぐことを続けていれば、子どもの「ほしいほしい」「もっともっと」も、次第に落ち着いていく**ものです。

ですから、いまがんばっているおかあさんたちも安心してくださいね。

わたしは毎朝、子どもが出かけるときには家の外で見送るようにしています。

娘が高校生の頃、学校でショックなことがあったときにも、がんばって登校する姿を見送っていました。

あとから「つらかったときにママが見送ってくれたのを思い出して泣きそうになった」と言ってくれたことがあります。

つらいときに、代わってあげることはできなくても、「がんばる支えになれていたのだな。気持ちは伝わるのだな」とうれしくなったのを、とてもよく覚えています。

娘からことばだけでなく行動で示していく大切さを、改めて気づかせてもらった出来事です。

子育てにも、いつか終わりが訪れます。

ときにへろへろになりながらも、安心して愛情を目一杯注いでいきたいですね。

安心して
愛情をたっぷり
注ごう

48 敏感な子・繊細な子の場合

精神的に満足すれば落ち着きのない行動は減る

ＨＳＣということばをご存じでしょうか。

ＨＳＣとは、ハイリー・センシティブ・チャイルド（英：Highly Sensitive Child）の略で、とても敏感・繊細で豊かな感受性を持った子どものことを言います。

保護者の方たちに配布している理事長ニュースで、ＨＳＣの気質をチェックできるリストを掲載したことがあります。

「なんだかうちの子は育てにくいかも…」と感じている親御さんに、「こういうタイプがあるんだ」と知っていただきたいという想いから発信しました。


いま、敏感な子が増えてきているように感じます。

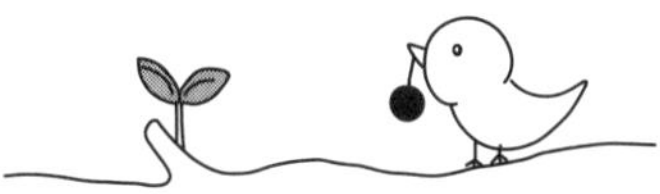

理事長ニュースにチェックリストを掲載した直後に「それを知ったことでずいぶんラクになりました」という声をあちこちからいただきました。

HSCの子どもたちには、無理をさせないためのケアが必要です。

わたしたちの園でも、誰がどのような場面で敏感になりやすいのかを把握し、保育者間で共有しています。

具体的に心がけているのは、次のようなことです。

・傷つきやすい傾向があるので、声の音量を抑え、やわらかい口調で話す
・変化に敏感なため、次の流れや行動について、一週間くらい前に話をするほか、安心してもらえるように、次に何をするのかということも共有する
・安心できるように親御さんにも行事に参加してもらい、場の雰囲気に慣れる時間を持つ
・洋服のタグを取り、肌感覚の優しい衣類を選んでもらう
・保育者も、香りの強い整髪料や衣類の洗剤の使用を控える

個々の状況を理解し対応することで、安心してもらえるよう、すぐに外に出られる環境を用意していることも理由のひとつです。精神的に満足していると、不安定な行動は減っていきます。

本当はしたいことがあるのに、強制的に別のことをさせると、子どものフラストレーションがたまってしまいます。

子ども自らの意思を尊重する子ども主体の保育を心がけたいものです。

一例をあげると、ＨＳＣチェックリストには、こういったものがあります。

□服の布地がチクチクしたり、靴下の縫い目や服のタグが肌にあたったりするのをイヤがる
□意識していなくても、他人の心を読めてしまう
□いつもと違うにおいに気づく
□音に敏感に反応する
□まわりのことが気になる分、不安になってたくさんのことを質問する
□細かいこと（ものの移動、人の外見の変化など）によく気がつく

49

発達障がい・グレーゾーンの子の場合

特性といいところをまわりにも共有する

発達障がいの傾向があると、たとえば漢字を書くときにたどたどしかったり、自分の思いをことばにするのに時間がかかったり、コミュニケーションをとることが得意でないといった傾向がみられます。

でも、それぞれにいいところや能力がありますから、分けて考えるのではなく、その子のいいところをほかの子どもたちにも伝えて共有するようにしています。

発達障がいでみられる特性も、その子独自のいいところも共有しておくと、ありのままのその子を、まわりの子が受け入れてくれている状態になりやすいのです。

その子を特別扱いすることなく、でも不安にならないように対策をしてあげるのが理想的です。

たとえば、予定が変わるときに心配になるタイプであれば、一週間くらい前から「こういうことがあるよ」と伝えてあげるようにすると、不安がやわらぎます。

まわりの子たちにも共有しておけば、「そういうところがあるんだな」と自然と受けとめられます。

発達障がいのありなしにかかわらず、一人ひとりの特徴とよさを知って対応すれば、みんなが満たされていきます。満たされた土壌ができると、「いじわるをしたらよくないよな」と自然と思えるようになっていくのです。

無理してまわりに迎合させるのではなく、子どもたちのありのままを受け入れる環境を整えておけば、愛情を受けた実感のある、心優しい子どもたちに育っていきます。

子どもの可能性を伸ばすために、わたしたち大人が意識したい、大切な心がけです。

50

言うことをきかない子の場合

してほしいことをシンプルに伝えてみる

なかなか言うことをきかない子には、してほしいことをシンプルに伝えるのがいいでしょう。話が長かったり、丁寧すぎる説明を理解できないことがあるからです。シンプルに伝えることで、何をすればいいのか、迷わずにすみます。

なかには、こちらが伝えたことを上手に理解できなかったり、理解するのに時間がかかる子もいます。

ですから、**ことばを短くして、ゆっくり同じことを子どもたちに伝えてみて、どれくらいその子が理解できているか、確認してほしい**のです。

気を引きたくてわざとやっている子、やりたいけれど理解が追いつかなくてでき

ない子…とタイプがさまざまなので、「言うことをきかない子」とひとくくりにせず、それぞれのタイプを見極めることが重要です。

かまってほしい子には、一緒に行動してあげる

とくにかまってほしい子の場合、家庭での愛着関係に満足できていないことから問題行動を起こしてしまうことがよくあります。

年齢を重ねても行動が変わらない場合、まずは手をかけてあげましょう。

かまってほしいタイプの子には、園では「いまは○○の時間だから、話を聴こうね」と伝えます。理解できていない子の場合には、そばにいてどこがわからないのかを具体的に質問します。必要であれば、一緒に行動しながらサポートします。

ことばで示すだけでなく、一緒に行って、正しい形で座れるようにすると、望ましい行動が定着していくのです。

食事中に落ち着きがない子には横についてあげる

子どもたちの給食の様子を見ていると、おうちでの食事の様子もなんとなくわかります。たとえば給食でじっとしていられないような子は、「きっと自宅での食事の時間でも歩きまわっていて、口を開けた瞬間におかあさんがスプーンを入れて、またもぐもぐしながら歩きまわっているという状態なのかな…」と想像がつきます。

でも、食事の時間には、マナーを守ることが大切です。園では、歩き出しそうになるたびに「お食事ね」と、席に戻してあげるようにしています。

離れてしまうと歩きたくなってしまうので、お腹と机がこぶしひとつ分になる正しい形で座れるようにうながします。

できるようになるまでは横についていてあげるといいでしょう。

これを小さいときにしてあげていれば、年齢が上がってから、ふらふらするということはなくなります。まさに習慣の力ですね。

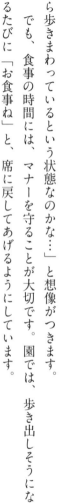

対応してもクセがおさまらないときは…

それでもクセが出てしまうときには、発達障がいなどの別の要因も考えてみる必要があります。個人差はありますが、3~4歳くらいになると、発達の傾向がわかりやすくなってきます。

不安に思うようなら、支援センターに相談したほうが安心です。以前はこういった機関を訪れることに抵抗を感じる保護者の方もいましたが、最近ではめずらしいことではなくなってきました。

不安なまま過ごすより、ぜひ足を運んでみてください。

原因がわかって、よりよい対策を考えられるようになると、保護者のストレスも、子どものストレスも軽減し、心がラクになっていきますよ。

51

家では怪獣、外では優等生の子の場合

感情を出せるだけ出してもらう

園では聞きわけがよくても、家ではそうではないと思えるタイプの子はいませんか？　園にも、最初は優等生だったものの、だんだんと「怪獣」が出てきて、園で感情を出せるようになる子がいます。

わたしたちの園にも、はじめはおとなしかったのに、突然、ものを投げはじめたり、自分の欲求を押し通そうとして、泣き続けるようになった子がいました。

自分の好きなお菓子を自分が最初に食べられなくて、怒り出す子もいました。

早い段階から入園していたら、もっと対応策があったのではないかと感じるケースもあります。

家だけでなく、園でも自分の感情を出せるようになることは、進歩です。

感情を出せるだけ出す、泣けるだけ泣くということをやり尽したら、たいていの場合はおさまっていきます。感情を表に出せるようになることは、状況が好転しているととらえましょう。

おかあさんの自己肯定感を高めることも解決のカギ

怪獣になった子が落ち着いたきっかけは、おかあさんにその子のよいところを伝えたことです。おかあさんはあまりご自身に自信がないタイプの人でしたが、わが子のよいところを伝えたところ、おかあさんの自己肯定感が上がり、表情がみるみるうちに変わっていったのです。

おかあさんが安心したことで、子どもにもそれが伝わり、怪獣ではなくなっていきました。安心を感じられることが必要だったのでしょう。

ちなみにその子は、ひどいときには30分くらい泣いていたこともありました。それくらい、いろいろなものがたまっていたのですね。

泣くことは大切なこと

泣くことほど、原始的でスッキリできる方法はありません。

泣いて、泣いて、泣き尽くせた子は、大人が介入しなくても、自分で気持ちを消化することができるようになっていきます。ですから、とめないほうがいいのです。

家では怪獣になってしまう子には、怒りの奥に寂しさが潜んでいることが多くあります。怪獣になって、満足できない欲求を満たそうとするのです。こういった場合、寂しさの根っこにあるものを解消しないかぎり、状況は変わりません。

もしわが子が「家では怪獣、外で優等生タイプだ」と思ったら、まず家の外で感情を出す、泣くという行為を受け入れていくところからスタートしましょう。

これは、外で神経を使っている分、自宅で発散させているという状況です。一番身近な家族に素直な感情を出せるのは、しあわせなことです。子どもなりに日々気を使っているのです。家庭内でも社会でも、ある程度大きな違いがなく自分を表現できると、精神的ストレスは軽減されるはずです。

52 かんしゃくを起こす子、キレやすい子の場合

落ち着いていられる環境を整える

何かあると、衝動的にキレてしまうという子に遭遇したことはないでしょうか？

子どもが突然に激しくかんしゃくを起こす場合、まず手を出しそうになったらすぐにとめるのが先決です。

ときには口だけの制止ではなく、手で押さえたりしてとめる必要もあるかもしれません。

それがまわりの子を守ることにもつながります。

体力があって、発散できていないときに、こういった行動をとってしまうこともあるかと思いますが、**対策のひとつとして、わたしたちは身体にとり入れるものに気を**

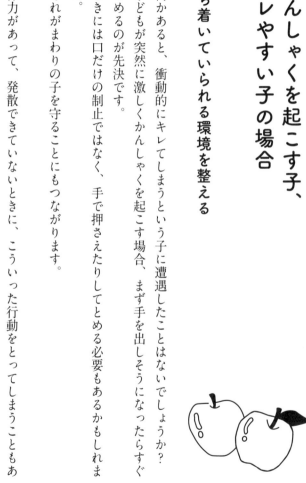

つけるようにしています。

たとえば、添加物や化学的なものが入っているものをたくさん食べている子は、かんしゃくを起こしたり、キレやすくなったり、高い声を出したりするという説もあるため、控えめにして、天然のすったゴマ塩をごはんにかける形に切り替えます。するとと落ち着いていったりするのです。

咀嚼《そしゃく》にも気をつけます。

落ち着いていないと、食事のときにあちこち向いてしまって、よく噛むことができません。

噛み砕くことが苦手な子は、ゴボウやれんこんなどの根菜を噛む練習をすると効果的です。すると、意外と噛んでいないことがわかります。

親子で一緒に食卓について同じ時間に食べるのも、とてもいいですね。

かんしゃくを起こす子や、キレやすい子には、まずその子が普段から落ち着いていられるような環境を整えることが重要なのです。

環境を見直すと、やはり整っていないところがたくさんみられます。

体力があり余っているときには…

もし体力があり余っている状態であれば、週末に身体を動かせるようなことをさせてあげてください。

自宅でできることでかまいません。

簡易サンドバッグのようなものをつくって叩かせたり、お散歩に出かけたり、オンラインで受けられる体操教室に参加してみるのもいいでしょう。お庭があるご家庭では、ボールを蹴ったり、なわとびやトランポリンをするのも、足腰を使うのでおすすめです。

できることから取り組んでいると、いつの間にかおさまっていきますよ。

53

集団行動がとれない子の場合

「なぜこの行動をしているのか」を見極める

集団行動をとれないという子も、少なからずいるものです。

この場合、**「なぜこの行動をしているんだろう?」というところまで注目しないと、対処法が見つかりません。**

たとえば、年中さんで、ランチの流れがわかっているのに、目を引きたくてランチ時に職員室の机の下に隠れてしまう子がいました。

その子には、YES・NOをはっきりさせるため「いまはランチの時間だよ」と声をかけ、「かまってもらった」ということがわかるように、抱っこをして連れていくようにしました。

下の子が生まれてかまってほしい場合は、しっかり話を聴いてあげてから、みんなのところへ戻るということもあります。

ひとりずつ、できない事情が違うため、背景をしっかり見極めます。

そうすると、対処の仕方も変わってくるのです。

わたしたちが何かを運んでいるときにドアを開けてくれる子がいます。

「なんて気がつく子なんだろう」と受けとることが多いかと思うのですが、子どもがこういった行動をとる背景には「自分を認めてほしい」というメッセージが隠れていることも……。

ですから「○○ちゃん、ありがとうね～」ときちんと伝えるようにします。

おかしいなと思われる行動を注意したり指摘したりするだけでなく、「なぜこんなことをしているのか」を見極めてから、対応する。

そうすれば、こちら側の動きも、かなり変わってくるはずです。

子どもの行動の「背景」に、目を向けるようにしたいですね。

54

人見知りの子の場合

いまの状況をそのまま受け入れる

人見知りの子の場合、いろいろな人と仲良くなることを急ぐ必要はありません。

「早くたくさんの人に慣れてほしい」という方針の園もあるかと思いますが、まずはひとりの保育者と安心した関係性を築くことからはじめれば十分です。

ひとりの大好きな先生と「もう絶対大丈夫」という信頼関係を築けてから、ほかの人との距離を縮めていけばいいのです。

人見知りの子には、大人からはあまりぐいぐいアプローチしすぎないようにしましょう。

これは、寡黙な子にも同じことが言えます。「こうかな?」「これでいい?」「こうしたらどう?」とこちらから声をかけすぎてしまうと、ことばを投げかけてもらうことに慣れすぎて、どんどん自分から発言をしなくなってしまうことがあります。ですから、いまの状況をそのまま受け入れて、こちらが対処することが必要なのです。

子どもの人見知りは、成長の過程として必要なものです。

生後数ヵ月くらいから「この人は知らない」「抱っこの仕方が違う」とわかるようになり、顔見知りでない相手は、泣かれてしまいます。でもそれは成長の証。

親が「人見知りしたっていい」「泣いても大丈夫」とゆったりかまえていると、子どもにも安心感が伝わり、その子のペースで慣れていくようになります。

ですから、あまり心配せず、「そのとき」を待ってあげてくださいね。

55

ひとりでいたがる子の場合

子どもがひとりの時間を確保する

年齢が高くなると、だんだんひとりになって気持ちをリセットしたいタイミングも増えてきます。

リセットするための方法はさまざまですが、たとえば「ん～！」と思いきり声を出して発散したりする場合は、やはりみんなの前ではなく、ひとりのスペースを確保してからのほうがいいでしょう。

いつでもほかの子どもたちみんなと一緒に過ごせばいいというものではありません。

リセットしたいとき、何か考え事をしたいとき、集中したいときには、自分の世界に入りたくなるもの。ここは大人も子どもも同じです。

そういうときには、プライベートなスペースを確保してあげられる声かけが必要です。

具体的には、「○○ちゃん、いまはひとりになりたいんだって」とまわりの人に声をかけます。

遊んでほしいお友だちの誘いを断りたいとき、本人はまだ「イヤ」「ダメ」としか言えなくて、ことばが足りないことも…。そんなときには「そういうときもあるよね～」ということばで、表現を手助けしてあげてください。

年齢が大きい子はもちろん、1歳の子でも、たとえばウンチをするときに机の下にもぐったりします。どの年齢であっても、人の目が届かないところにいたいときはあるものなのです。

ただ、見えないといっても、人目が気にならない「死角」と目の行き届かない「死角」は別物です。ここは気をつけていきたいところですね。

大人も、気分転換できる場があると、仕事に集中することができるので、とてもおすすめです。

子どもの自主性を尊重する

廊下や本棚などに、自分だけのお気に入りのスペースを持っている子もいます。ひとりになりたいとき、好きな本をゆっくり読めるようなお気に入りの場所を持つというのは、大人でも子どもでも大切なこと。

子どもたちがひとりになりたいときのための環境も整えてあげたいものですね。

コラム

園と家とのいい連携は、すべて子どもに返っていく

保護者にも園での取り組みに興味を持ってもらう

園での取り組みについて、保護者の方にも興味を持っていただけると、より生活に根ざした豊かなものになると、わたしは考えています。

たとえば、園で食べものを紹介することがあります。

ビーツを用意したときは、事前に玄関で「今度ビーツを食べるよ」と紹介をして、食べる日は実際に触ったり、切ったとき真っ赤になる様子や、ぐらぐらした鍋に入れてゆで上がる変化を見てもらったりします。

この「ビーツの日」をとっても楽しみにしていた子が、当日おうちの都合でお休みになってしまいました。

おかあさんもスーパーを探したそうですが、なかなか見つからなかったそうです。

そこで担任に「どこで売っていますか?」と尋ねていただけたので、わたしがたまたまスーパーで見つけたときに買うことができました。

お昼寝前にその子に見せたら、ニコッとして「これビーツ? ぼくが全部食べるんだよ」と言ってくれたのですが、そのことばから、この子のために見つけてきたことがちゃんと伝わっているんだなとわかって、こちらもうれしくなりました。

おやつの時間に「これがビーツかぁ」と味わうように食べていたのです。

また、あるときはパイナップルを育てていた保護者の方が、そのまま園に持って来てくださったことがありました。その子はそのパイナップルにも興味を持っていたのですが、またお休みで食べられませんでした。

そのときも、おかあさんがパイナップルを探して、おうちで出してくれたそうです。

付録

家族で
しあわせを育む
ワーク

子育て・自分育て

・・・おまけ・・・

脈々と受け継がれてきたいのち。この本を手にしてくださった方々に、日々“しあわせ”を感じながら過ごしていただきたい。そんな想いから用意した付録ページです。

小さい頃、お菓子についている「おまけ」がお楽しみだったことはありませんか？

あなたは、何のために生まれてきたのですか？

あなたの名前には、どんな意味がありますか？

あなたの長所はどこですか？

自分の好きなところ

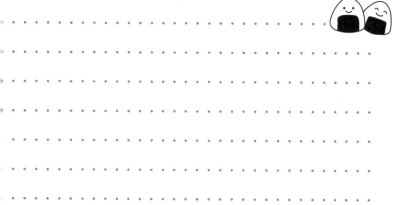

あなたは、何をしているときに
“しあわせ”を感じますか？

あなたは、誰と一緒にいると安心しますか？

好きな場所はどこですか？

---------------------------- キリトリ線 ----------------------------

お子さんの好きなところはどこですか？

なまえ：

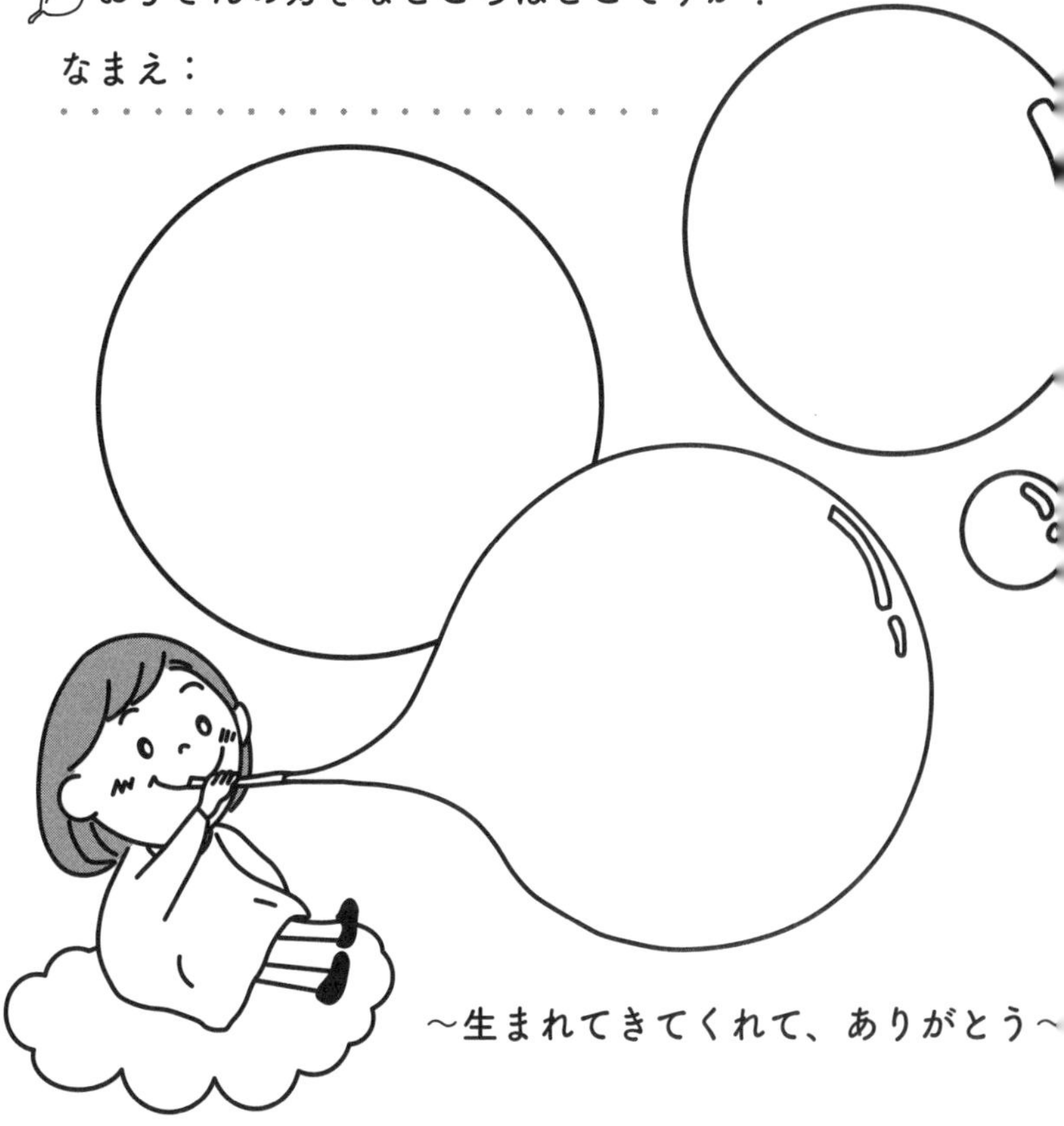

〜生まれてきてくれて、ありがとう〜

どんなお子さんに育ってほしいと願って
名前を付けましたか？

将来、どんなお子さんに育ってほしいですか？
そのために、いまできることは何ですか？

最近、うれしかったことは何ですか？

お子さんはサプライズが大〜好き！

イベントでも何でもない日にこそ、ワクワクしながら企画してみましょう！
ex. お弁当にメッセージカードを添えてみる、
大好物リクエストカードを送る

思いついたら、書き出してみましょう！

長期のお休みには、
子どもたちと叶えたいことリストを書いてみましょう♪

小さいお子さんに質問してみたことを書き出してみましょう。
文字が書けるようになったら、ヨーイドン！！で時間を決めて、
お互いに書き出してみてください。最後に、ひとりずつ発表してみると、
「こんなことを考えていたのか！」と、気づきがあります。

予定日と実行日を書き入れるのもおすすめですよ！

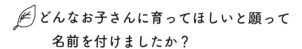

叶えたいこと	予定日	実行日

It's up to you

♡

出版にあたりお世話になった方々

【特別教育の先生方】

・絵　画　教　室…宮坂健先生
・英会話教室…EDWARD LANGUAGE SCHOOL
　ゴンザレス ラルフ エドワード先生
・書　道　教　室…小燕会　奥菁燕先生
・サッカー教室…ラ・ヴィータサッカークラブ　渡邊拓先生

【お世話になっている先生】

・一般社団法人 ベストライフアカデミー　代表理事　前田出先生
・ヤマゼンコミュニケイションズ株式会社　山本果奈さま

【ご案内】

・一般社団法人 ベストライフアカデミー
　逆算思考の学びを得たい方は… https://bestlife-ac.com/
・一般社団法人 日本アンガーマネジメント協会
　アンガーマネジメントについて学びを深めたい方は…
　https://www.angermanagement.co.jp/

【出版企画・編集・制作プロデュース】

・株式会社サイラスコンサルティング　星野友絵さま

【制作・イラスト協力】

・株式会社サイラスコンサルティング　遠藤庸子さま

【出版協力】

・社会福祉法人彩　大地の恵みのなーさりぃ　阿久津さゆり
・社会福祉法人彩　大地の恵みのなーさりぃ　大田和麻衣子
・株式会社キッズコーポレーションホールディングス
　学校法人自然保育学園　風と緑の認定こども園　大塚雅一

おわりに――いのちのつながりに、感謝の気持ちを添えて

昨日の雨のおかげで、花壇の植物たちもシャワーを浴びた後のような表情をしています。子どもたちと植えたチューリップのつぼみも、何色の花を咲かせるのか遠目で見てもわかるくらいになりました。

毎朝、園周辺のごみを拾い、「今日も一日、子どもたちが安全に満たされる時間を過ごせますように」との想いで水を撒きます。

祖父母の日課が、わたしの記憶のなかにいまでも残っているのですね。

祈りの儀式のようなものにも似ているかもしれません。

静かな朝のこの時間が大好きです。

本書を最後までお読みくださり、ありがとうございます。

２０２０年の1月に、前田出先生の主宰される、一般社団法人ベストライフアカデミーの合宿に参加しました。そのときに取り組んだ10年後の自分の未来を思い描くワークで、「60歳までに本を出版したい」と書きました。自分の内側にある本当の想いと向き合い、アウトプットしたことが、50歳を過ぎて叶うことになりました。

正直、自分自身が一番驚いています（！）。と同時に、想いや願いは、表に出すと周囲の方々にも伝わり、ご縁が引き寄せられ、叶うのだということを実感しました。

前田出先生の学びを栃木に運んでくれたのは、ヤマゼンコミュニケイションズ株式会社の山本果奈さんです。

いままでも、さまざまな縁を引き寄せる力が強い彼女でしたが、前田先生からの学びによって、現実がさらに加速していく姿を目の当たりにしたのでした。

公私ともに、その力強い応援力にどれだけ支えていただいているかわかりません。

前田先生が提唱する逆算思考の学びを、わたしも学ばせていただいています。

そして現在も、ベストライフアカデミーのミッションである「応援する人が豊かになる社会を作る」という志を持って、日本全国で「目を輝かせて、夢を語る大人が格好いい！　と自慢できる日本にする」べく尽力している仲間の存在に、日々勇気づけられています。

保育・教育の道へ進もうと決めたきっかけは、両親の存在によるものが大きくあります。自宅で仕事をする姿や、生徒たちが自宅に遊びに来る姿を見ているのが好きで、子どもながらに「カッコいいな」と感じたのです。

わたしにとっては、両親が、キラキラしている大人に見えました。

教員生活を全うし、現在も父は随筆や短歌を書いたりしています。

母も合唱をしたり、大学時代の友人とランチをしたり…。

お互いに自分の趣味も持ちつつ、何でも二人で話し合って決めていきます。

わたしたちの娘二人にもいつもサラサラと手紙を添え、さりげなく贈り物してくれる。そんな姿も大好きなところです。

両親からは、さまざまな角度から人生設計を学ばせてもらっています。

当時は、週に6日あった学校時代。両親を支えてくれていたのは、祖父母でした。

祖父は、社会保険労務士。祖母のところには、毎日入れ代わり立ち代わり、お客さまが訪れているような環境でした。

幼少時代の祖父母との生活は、わたしの人生の根本になっていると言っても過言ではありません。

お皿を割ってしまったときは、「大丈夫だったかい？　ケガしなかったかい？　新しいお皿が使えるからいいんだよ」と声をかけられながら育ちました。

当時にしてはめずらしいのではないかと思いますが、「恋と願いはよくしなさい」とも、よくアドバイスされました(!!)。

ご縁を大切にすること。想いは力であるということ。

これらは、幼い頃からいつも近くにある教えだったのだと、改めて感じます。

両親と祖父母には、いつも「何があっても大丈夫」という絶対的な安心感のもとで育ててもらいました。

いまは亡き、義理の父の存在も忘れてはなりません。義理の父が幼稚園を創ってくれたおかげで、夫にも、この保育・教育にもめぐり合うことができました。

この機会に、両親、義両親に改めて感謝の気持ちを伝えさせてください。

ありがとうございます。


夫が27歳、わたしが24歳のときに起業し、現在に至るまで歩んでこられたのは、わたしたちが幼い頃から育んでもらった絶対的な安心感が根底にあったからです。

熱い想いのもとで保育・教育の道に進みましたが、現実は、本当に壁にぶちあたることばかり。「なぜこんなにも仕事ができないんだろう…」と自分にがっかりすることも多々ありました。いまもたくさんありますが…！

「いまは仕事ができなくても、20年、30年先に、少しでも理想に近づいていられるようにがんばろう」と自分に言い聞かせて歩んできたことを思い出します。


想いは、願っていると叶うものですね。

個人事業から株式会社へと法人化し、その後、二人の夢だった学校法人の運営がスタート。その後「社会福祉法人も設立を」と行政からのお話があり、立ち上げることになりました。

じつは、夫と「株式会社と学校法人、そして社会福祉法人と3つあるとさまざまなことができるね」と話をしていたら、不思議と叶ってしまったのです。

三つの法人の中身は、どれも保育・教育です。

倉橋惣三先生の理論を軸とし、堀合文子先生が実践されてきた保育・教育。「子ども主体の保育」にめぐり合えたからこそ、いまがあります。

「未来のある子どもたち、そこにかかわる保育者たちも、自分自身が主人公の人生を生きていけるようになるはず」と確信して、これまで歩んできました。

だからこそ、気づけば三つの法人が立ち上がっていたのです。

「ずっと継続できているのは、結婚とこの志事だけだね」と、夫とよく話しています。

わたしたちは、教育改革以前より、この保育・教育を理想として歩んできました。

まだまだ途上中で、現在も模索している最中です。それくらい奥の深いものです。

だからこそ、立ちどまり、仲間とともに日々話し合います。

そして、これからも学び続けていくのです。

この保育にめぐり合うきっかけをつくってくれたのは、紛れもなく夫です。

子どもが大好きな夫は、本当に厳しく、会社では部下の立場だったわたしは、何度泣いたかわかりません。ところが、現在は自分が社会福祉法人のトップになり、いままでどれだけ夫に支えられていたのかを理解できるようになりました。

起こることはすべてに意味があり、最善であるということですね。


堀合先生の実践保育を研究していらっしゃる、お茶の水女子大学名誉教授の内田伸子先生著の『まごころの保育』（小学館）は、いつも手元にあります。

読むときどきで、新たな気づきをいただいています。クローズの状態で、附属幼稚園やこども園・保育園を見学させていただいたのも、貴重な経験です。


東京大学名誉教授の汐見稔幸先生には、会社の「ほいくＩＳ」でインタビューさせていただきました。保育・教育現場の方々に向けて、心に響くお話を配信することができ、本当に貴重な機会となりました。

先生の幼少の頃のお話は、以前からどうしてもお聴きしたいと願っており、贅沢にも直接お話を伺えたときは本当に感激でした。本園にもお越しいただき、おかげさまで学校法人と合同で勉強会を開催するという願いも実現できました。

日本だけでなく、世界を見ていらっしゃる先生方にお会いできるのも、保育・教育を学び続けているからこそ。そして、本物に触れるたびに、突き動かされる何かがあります。いつも自分の想いがカギですね。

書籍の表紙にも、心温まるもったいないことばをお送りいただきましたこと、この場をお借りして御礼申し上げます。

＊

日本には、素晴らしい伝統文化や風習があります。

地元ならではの、多様な郷土料理もありますね。

園では、仲間とともに、そういった経験ができる環境を提供したいと考えています。

自宅ではなく、〝仲間と〟です。

同じ空間にいるからこそ感じる香り、雰囲気、ちょっとしたことばのやりとりは、すべて子どもたちの糧となり、未来のどこかとつながっていくものと信じています。

わたしたちの園は、豊かな自然に恵まれた素晴らしい場所にあります。

この場所で、幼少時代にしかできないことを思いっきりさせてあげたいのです。

それには、自由な時間が必須。子どもたちには、そこで自分たちが考えたことを、ぜひかたちにしてほしいと願っています。


森羅万象すべてにいのちが宿っている。

自然とともに、人間も共生して生きている。

子どもたちには、そのことを実感して、生きてほしいのです。


未来を担う子どもたちに、わたしたち大人が残してあげられるものはなんでしょうか。美しい地球。美しい水。地球に優しい洗剤を選択すること。ごみを減らす工夫をすること。フードロスを減らすこと。

大人だけでなく子どもたちも巻き込み、ともに考えていく。そんななかで、環境にも優しい選択をしたり、そのしくみを知ったりしながら視野の広い子どもたちを育てることも、今後ますます続けていきたいことのひとつです。

子どもたちの未来が明るくなり、自ら夢を叶えたいと願う平和な世の中であることを祈っています。

＊

昨今の日本では、保育者不足が大きな問題になっています。

これは、現代の抱える社会課題でもあります。

保育・教育は素晴らしい志事ですが、途中であきらめてしまう方や潜在保育者も少なくありません。保育者も子育て中の方々も、自分と向き合い、本当に望むことに取り組むことで、自分にも周囲の方々にも優しくなれるものです。

日本社会全体が、もっとそれぞれの得意分野を生かし、お互いの存在を認め合いながら過ごせる社会になることを願ってやみません。

人が生まれてくることは、奇跡の連続です。

さまざまないのちと触れ合い、化学反応を起こしながら、新たな発見と世界が広がっていくことを子どもたちに見せていくことが、わたしたち大人の使命ではないでしょうか。

大人になることをワクワクできる未来をつくるには、わたしたち大人がまず楽しむこと。自分が主人公の人生を生き、信頼できる人間関係を築いていくことで、安心できる空間は、いつだってつくることができるのです。だから大丈夫！

また、大人たちがうまくいかなかったことを正直に言い合える関係性を子どもたちに見せられたら、それはそれは大きな安心感を与えることもできますね。


子育ては自分育て。

まずはわたしたち大人から、肩の力を抜いて、歩んでいきませんか？

＊

「60歳では遅すぎる。いまだよ」と背中を押し、想いをかたちにするために膨大な時間を使ってくださった、株式会社サイラスコンサルティングの星野友絵さん。

いまにも動き出しそうなイラストで空間を演出してくださった遠藤庸子さん。

このご縁があったからこそ、出版することができました。

書籍完成への過程には、いつも笑いがありました。笑いもページに載って届くような気がしています。手にしてくださった方々が、ゆるんだり、立ちどまれたりできたら、こんなにうれしいことはありません。

星の数ほどいる、この世界で知り合ってくださった方々。

会社や園でいつもわたしを支えてくださる仲間たち。


そして、あなたがいてくれたからこそ、この「子ども主体の保育」にめぐり合うことができました。ときにライバルでもあり（？）相談相手でもある夫・大塚雅一。

わたしたちの元に舞い降りてきてくれた娘たち。

七週で出産となった、空でいつも見守ってくれている第三子へ。


いのちにありがとう。

生まれてきてくれてありがとう。

令和3年5月1日
大塚　恵美子

大塚恵美子（おおつか・えみこ）
社会福祉法人彩 大地の恵みのなーさりぃ理事長
学校法人自然保育学園 風と緑の認定こども園理事
株式会社キッズコーポレーションホールディングス顧問
アンガーマネジメントキッズインストラクター
県内で保育士・幼稚園教諭を経験。
幼稚園教諭時代に、お茶の水女子大学付属幼稚園主事倉橋惣三先生理論・堀合文子先生実践に基づく「子ども主体の保育」に触れ、感銘を受ける。その後「理想の幼稚園を創りたい」との想いで、夫と共に栃木県内初の「ベビーシッターサービス ピーターパン」を立ち上げ、2年後に法人化。株式会社キッズコーポレーションを設立後は、取締役副社長を23年間務める。
在職中に、社会福祉法人 彩を設立し、認可保育園「大地の恵みのなーさりぃ」を開園。理事長に就任する。のちに放課後児童健全育成事業「だいちのめぐみのひみつきち」も開設。
新たに着手した給食事業「だいちのめぐみのキッチン」では、日本伝統の食文化や郷土料理を取り入れた食育活動にも積極的に取り組んでいる。
現在は、株式会社キッズコーポレーションホールディングスの顧問として、保育・教育研修等にかかわる。その他、起業家向け研修、親育ち講座・企業研修・小中学校等での講演等に幅広く登壇。研修内容は、「自分が主人公の人生を生きよう」といった自己肯定感を育むテーマをメインに行っている。

子《こ》どもたちの未来《みらい》を切《き》り拓《ひら》く子育《こそだ》て
著者 大塚《おおつか》恵《え》美《み》子《こ》

2021年5月1日 初版発行

発行者 磐﨑文彰
発行所 株式会社かざひの文庫
〒110-0002 東京都台東区上野桜木2-16-21
電話／FAX 03(6322)3231
e-mail:company@kazahinobunko.com http://www.kazahinobunko.com
発売元 太陽出版
〒113-0033 東京都文京区本郷4-1-14
電話03(3814)0471 FAX 03(3814)2366
e-mail:info@taiyoshuppan.net http://www.taiyoshuppan.net

印刷・製本 モリモト印刷
企画・構成・編集 星野友絵
イラスト 遠藤庸子・髙橋里深
装丁 重原 隆
DTP KM-Factory

ISBN978-4-86723-031-2